¡BITCOIN PARA TI!

UN CAMINO SENCILLO HACIA UN FUTURO MEJOR

LEON BELHOMME

BELMION INVERSIONES SL

Contenido

Aviso Legal

Este libro se ha creado para proporcionar información sólida y fiable sobre los temas tratados y no se centra en datos sino en ideas generales, por lo que no se asume responsabilidad alguna por la exactitud de los datos y la información utilizados. Todos los datos utilizados en este libro son US$; los datos concretos pueden variar en función de las fuentes utilizadas. La intención del autor y del editor no es proporcionar asesoramiento jurídico, financiero o profesional de otro tipo. Las leyes y procedimientos varían de un estado a otro y de una nación a otra, por lo que, en caso de necesitar asistencia jurídica o de otros expertos, se recomienda ponerse en contacto con un profesional. El autor y el editor declinan expresamente toda responsabilidad por las responsabilidades en que se pueda incurrir como resultado del uso o la aplicación de los contenidos de este libro.

Agradecimientos

Este libro nunca habría sido posible sin los conocimientos de Saifedean Ammous, Jeff Booth, Michael Saylor y Robert Breedlove, también los canales de Natalie Brunell y Peter McCormack y muchos otros.

Su perspicacia me ayudó a comprender todo lo que quería saber sobre Bitcoin y me inspiró para aprender más sobre este curioso mundo de la moneda innovadora.

También quiero dar las gracias a mi hija y a mi mujer por haber sido mis entrenadoras en tiempos difíciles, por empujarme constantemente a hacerlo mejor y por ayudarme a buscar la mejor información disponible. Este libro nunca se habría escrito sin su contribución.

Introducción

A menos que hayas estado viviendo en una isla desierta, es probable que ya hayas escuchado hablar de Bitcoin, pero es posible que no sepas exactamente qué es.

¿Es una moneda? ¿Está relacionado con el mercado de valores? ¿A qué se debe tanto revuelo? Es posible que no estés interesado en Bitcoin, pero sin duda te darás cuenta de su creciente popularidad. Todo el mundo habla de él, se menciona en la televisión y en las reuniones sociales. Pero ¿qué es exactamente y de dónde viene?

Antes de comenzar, déjame explicarte por qué he escrito este libro y qué puedes esperar de él.

Solo soy un "tipo normal" que ha trabajado duro toda su vida, lo que me ha permitido construir un negocio y ofrecer lo mejor a mi familia.

Durante la pandemia, empecé a informarme sobre Bitcoin y dediqué tiempo a entender esta nueva tecnología y lo que podía hacer por mí. Como resultado, hoy tengo un conocimiento más profundo del tema. Aun así, en aquel momento, todo me parecía demasiado técnico y desafiante, por lo que entiendo que tu puedas sentir lo mismo, y eso es exactamente lo que me inspiró a escribir este libro, para otros como yo.

Me di cuenta de que Bitcoin necesitaba ser explicado de una manera mucho más sencilla. En este libro, obtendrás una comprensión introductoria de los conceptos básicos. Los conceptos se desglosan y se presentan en un lenguaje fácil de entender sin profundizar demasiado. Aprenderás cómo esta nueva tecnología está cambiando nuestra sociedad y las posibles consecuencias de cada invento.

También te darás cuenta de las implicaciones que podría tener para todos, independientemente de dónde vivamos.

Espero que al final tengas suficiente información para decidir si esto es algo para ti.

Del mismo modo que yo no soy un experto en software, pero sé utilizar un ordenador, no se necesitan conocimientos financieros previos para leer este libro, así que no te preocupes de que te vaya a resultar difícil de entender.

Aunque algunos capítulos son más cortos que otros, cada uno contiene información esencial sobre la tecnología. Si deseas profundizar en un tema en particular, siempre puedes leer sobre él y seguir aprendiendo más adelante. Me alegraré bastante si, al final de este libro, comprendes que Bitcoin es una red monetaria registrada en una blockchain y su potencial para ayudar a dar forma al futuro de la humanidad.

Ten en cuenta que este libro no debe considerarse un consejo de inversión. Dicho esto, no me corresponde a mí decirte si debes invertir en Bitcoin; esa es una decisión personal que debes tomar por ti mismo.

Mi objetivo con este libro es proporcionarte una mejor comprensión de Bitcoin para que puedas participar en las conversaciones sobre este tema, que cada día son más frecuentes.

Espero que disfrutes de la lectura.

Prólogo

Aquí es donde todo comienza, has dado el primer paso al tener este libro en tus manos, y estoy bastante seguro de que cuanto más avanzas con este libro, más te convencerás de que finalmente has encontrado el eslabón perdido en tu vida económica. Este libro es probablemente la forma más rápida de obtener una visión de amplio espectro sobre Bitcoin. Te hará ver los posibles beneficios y una salida de nuestra situación financiera actual.

¿Alguna vez has experimentado la sensación de estar en una constante carrera en tu vida laboral, como si estuvieras en una cinta de correr?

¿Siempre estás corriendo cuesta arriba, intentando constantemente construir una vida mejor para ti y tu familia?

Pues eso me pasaba a mí.

Sin embargo, hoy en día, esa nube gris que solía tener al mirar hacia mi futuro ha desaparecido.

Por fin me siento bien; estoy relajado y disfruto mucho más de mi vida desde que dejé de preocuparme por cómo influirán en mi situación financiera cosas que no puedo controlar.

Debo admitir que disfruto escribiendo este libro. A mis sesenta años, escribiendo sobre nuevas tecnologías, con la esperanza de tener lectores de todas las edades, sabiendo que también podría mejorar sus vidas.

He creado y puedo seguir creando riqueza, y nadie puede interponerse entre mi futuro y yo.

Si quieres sentirte como yo y disfrutar de la vida en lugar de pasar noches en vela, déjame ayudarte y mostrarte cómo conseguirlo.

Mi viaje empezó en la primavera de 2020, poco después de que la pandemia irrumpiera en todas nuestras vidas.

Antes de la pandemia, yo era un empresario de éxito. En 2010 puse en marcha una empresa de excursiones en Tenerife, una hermosa isla del océano Atlántico con uno de los volcanes más altos del mundo. En lo alto del Parque Nacional, donde se encuentra el volcán, se está casi siempre por encima de las nubes, lo que da lugar a unas vistas espectaculares de la puesta de sol sobre un mar de nubes. Además, prácticamente todo el año, tenemos uno de los cielos estrellados más hermosos, razón por la que el Parque Nacional es el hogar de los mayores telescopios del mundo. Así que diseñé una excursión llamada Teide By Night que incluía esta espectacular puesta de sol y una explicación de las estrellas por astrónomos y ahora es probablemente una de las excursiones con más éxito de la isla.

Para hacer frente al gran número de clientes, fue necesario abrir un restaurante propio en el corazón del parque nacional, que ahora es un restaurante turístico de gran éxito, y probablemente el más alto del Atlántico.

Empecé sin nada, y una década más tarde, todo esto se convirtió en una excelente empresa con un gran equipo de docenas de personas. Todo iba bien y tenía un negocio bien establecido en las Islas Canarias, hasta que llegó el virus Covid.

Durante la pandemia, me vi obligado a quedarme en casa debido al confinamiento, pensando en la paralización de mi empresa, la cual estaba devorando todos los ahorros que había reunido en los últimos diez años.

Al igual que los demás, no tenía nada más que hacer salvo preocuparme, hasta que descubrí en las redes sociales que alguien estaba ganaba dinero con algo llamado finanzas descentralizadas. Así que, curioso como soy, empecé a investigar.

Así fue como descubrí que las finanzas descentralizadas, algo de lo que nunca había oído hablar, tenían que ver con diferentes tipos de monedas; no tenía ni idea de qué se trataba.

Entendí que se trataba de un nuevo mundo de criptodivisas, de las cuales Bitcoin era la más famosa e importante.

Después de crear un negocio próspero y lograr ahorrar, no iba a arriesgarme porque sabía lo que era estar completamente arruinado, ya que lo había experimentado varias veces en mi vida.

Con el negocio cerrado, empecé a profundizar en el tema, busqué en Internet y descubrí varios podcasts que explicaban este asunto. Todos estaban muy entusiasmados, pero coincidían en una cosa: todavía era muy nuevo y muy pronto. Sin embargo, compartían una convicción común: de que traería cambios significativos a nuestro mundo.

Descubrí que se había inventado una nueva tecnología que iba a alterar el sistema financiero.

Me di cuenta de que lo mismo ocurría en otros sectores, por ejemplo, con los taxistas a nivel mundial. Una aplicación estaba revolucionando el mundo de los taxistas. Una simple aplicación en tu teléfono que reemplazaba por completo el sistema que conocíamos. De pronto, podías solicitar un taxi fácilmente a través de una aplicación. El taxi estaba en perfectas condiciones y el conductor era muy amable. Pronto descubrí que esto se debía a que podía dejar una reseña sobre el conductor, lo cual le motivaba a hacer su trabajo de manera adecuada. Debo admitir que mis primeras experiencias fueron muy positivas y ahora vemos esta nueva forma de transporte en muchos lugares del mundo. Sin embargo, en algunos sitios, las leyes locales prohíben su implementación con el fin de proteger a la comunidad de taxistas.

Lo mismo está sucediendo en el mercado minorista: muchas tiendas de las calles principales están desapareciendo debido a que ahora la gente realiza todas sus compras por Internet. Incluso la ropa, algo que nunca habría pensado que ocurriría ya que necesitaba probarme la talla adecuada, pero me equivoqué. La industria de la moda está siendo afectada y las grandes marcas ubicadas las calles están desapareciendo en este preciso momento.

Tenía que averiguar qué era tan extraordinario que pudiese cambiar algo tan poderoso como nuestro sistema financiero. Imagina que alguien inventara un sistema que eliminara la necesidad de los bancos, el intermediario de todo nuestro sistema financiero. Todas las comisiones e intereses que pagamos podrían ser eliminados o reemplazados por un sistema descentralizado en el que no es necesario confiar en los banqueros, ya que habría un software que realiza las mismas funciones. Podrías poner dinero y recibir intereses, o solicitar un préstamo y pagar intereses. Todo de forma automática y tú mismo serías tu propio banco.

Fue entonces cuando decidí que tenía que profundizar y estudiar cómo podría conservar o hacer crecer todo lo que había conseguido en los últimos diez años gracias a mi negocio.

Durante el confinamiento, invertí un mínimo de seis horas al día, y muchas veces hasta dieciséis horas, en tratar de aprender todo lo que pude sobre esta novedad llamada blockchain y criptomonedas.

Al mismo tiempo, invertía cantidades relativamente pequeñas de dinero en varias "monedas" o "criptomonedas", lo que me proporcionó experiencia de primera mano. Como resultado, experimenté tanto pérdidas como ganancias.

El confinamiento para mí fue de todo menos aburrido.

La realidad es que Bitcoin y la tecnología blockchain parecían muy prometedores. Me enteré de que esta "criptoescena" ya llevaba en marcha algo más de una década, y yo nunca había oído hablar de ella. Finalmente, después de tres meses, conseguí una tarjeta de crédito que permitía financiar con criptomonedas. Me sorprendió descubrir que incluso estas grandes y famosas tarjetas de crédito estaban involucradas en esta nueva tecnología.

Mientras asimilaba toda esta información, también me di cuenta de que grandes nombres, directores de los principales bancos del mundo, estaban cambiando su postura al respecto. Hay pruebas de que hace unos años no creían en ello, pero ahora están cambiando de opinión. Además, las principales industrias de diferentes sectores están reevaluando la forma en que llevan a cabo sus propios negocios. El mundo está buscando o implementando estas nuevas tecnologías para su propio beneficio, independientemente de la industria en la que operan.

Es sorprendente ver cómo el mundo entero busca mejorar su sistema utilizando este nuevo sistema descentralizado, capaz de eliminar errores humanos y corrupción.

Comencé a desarrollar una nueva perspectiva: empecé a reconocer los beneficios que podría aportar y también me di cuenta de algunos de los aspectos negativos que existen en nuestro mundo.

Consideramos que nuestra sociedad es avanzada y moderna, una democracia en la cual los políticos de cada país tienen la facultad de determinar qué hacer con el dinero de los impuestos. Pero al parecer, ninguno de ellos es lo bastante competente para mantenerse en su puesto, ya que los destituimos, a excepción de los líderes de regímenes autoritarios y dictadores. Todo lo que da poder a los humanos siempre acabará de forma corrupta, quizás no en la primera generación, pero al final, siempre lo hace.

Aprendí que:

•Nuestro dinero se desvanece cada año, y nuestra capacidad de compra disminuye. Ahora entiendo por qué sucede esto.

•La injusticia existe porque beneficia a unas pocas personas muy influyentes.

•Aunque es comprensible que el mundo entero gire en torno al dinero, es necesario arreglar el sistema monetario.

•Es posible arreglar el aspecto financiero, y así dejar un mundo diferente a nuestros hijos.

He dedicado muchísimas horas a profundizar en este asombroso nuevo futuro, y me ha conmovido como nada lo había hecho antes en mi vida. He aprendido muchas cosas, algunas por las malas, perdiendo dinero que había ganado con mucho esfuerzo.

Cambió mi visión como persona, una persona normal como tú. No asistí a la universidad y dejé la escuela a los catorce años sin obtener ningún título. Nunca me interesaron las inversiones ni las finanzas debido a la falta de recursos económicos. Hoy en día, mi negocio se ha recuperado tras la pandemia. Aun así, ahora me centro en vivir la vida como es debido, disfrutar de las relaciones con la familia y los amigos y experimentar cosas nuevas sin la preocupación constante por mis finanzas futuras. Sé que mis ahorros no desaparecerán con el tiempo. Al contrario, confío en que crecerán. Sé que están seguros y que merece la pena seguir ahorrando.

Han sido dos años difíciles y una revelación de lo mal que están las cosas en el mundo. Sin embargo, estos años también me han devuelto la esperanza en las posibilidades que tiene para mejorar.

Decidí escribir este libro porque estamos todo juntos en esto. No quiero que cometas los mismos errores que yo. Quiero compartir mis experiencias contigo para que puedas beneficiarte de ellas; te lo mereces. Todos merecemos esto, un mundo justo.

Imagina que mañana puedes levantarte sabiendo que, al menos económicamente, tu familia estará bien, que las cosas mejorarán con el tiempo y que todo será más barato.

Que podrás disfrutar de pasar tiempo con tus seres queridos, y que cuando vayas a trabajar cada día, te des cuenta de que tu jornada laboral no ha sido en vano.

Espero que la lectura de este libro te ayude a darte cuenta de que tu situación financiera puede mejorar. Empezando hoy y cada día un poco más, espero que adquieras la misma confianza que yo. Tener confianza en que todo saldrá bien y que disfrutaremos de una vida plena y, sobre todo, tranquila. La que nos merecemos en relación con nuestra situación financiera.

Pero eduquémonos leyendo este libro que puede cambiarnos la vida. Luego, la decisión es tuya.

¿Por qué son tan importantes las nuevas tecnologías?

La constante aparición de nuevas tecnologías puede provocar a menudo sentimientos de incertidumbre porque la gente no sabe cómo reaccionar ante ellas. Esto es especialmente cierto para los funcionarios del gobierno y los legisladores que tienen la difícil tarea de intentar regular estas novedades.

Si alguien afirmara haber inventado un dispositivo que te mata instantáneamente al tocarlo y que requiere cables conectados en cada hogar para su uso, la gente estaría aterrada. Sin embargo, como utilizamos la electricidad a diario, resulta difícil imaginar nuestra vida sin ella. La llegada de la electricidad ha permitido a las personas prescindir de las velas, y ahora podemos calentar nuestros hogares y utilizar electrodomésticos con tan solo presionar un botón. Con la electricidad disponible para la mayoría de los habitantes de la Tierra, la vida se ha vuelto mucho más cómoda y manejable.

Cuando se inventaron los coches, la gente les tenía miedo porque nunca habían visto nada igual. En respuesta, muchos gobiernos aprobaron leyes que obligaban a los peatones a caminar delante de los coches con una bandera roja como señal de advertencia. Como resultado, en aquel entonces existía un gran escepticismo mundial acerca de estas máquinas, y la gente creía que la demanda nunca llegaría a superar el millón de coches. Sin embargo, en la actualidad, resulta difícil imaginar la vida sin ellos.

A principios de los noventa, cuando Internet hizo su aparición, no lo entendíamos. Teníamos que teclear URLs que comenzaban con HTTPS... Todo era nuevo y un verdadero desafío. ¿Alguna vez esta nueva tecnología será utilizada? ¿Qué es un sitio web? ¿Cómo se puede conectar a Internet? Estas eran algunas de las preguntas que nos planteábamos entonces.

Recuerdo cómo solía conectarme a un módem, un aparatito minúsculo, a través de la línea telefónica de mi casa y esperar pacientemente varios minutos a que el sitio web se cargara, lo cual resultaba increíblemente lento. Hoy en día, comprendemos que Internet se ha convertido en una parte indispensable de nuestras vidas, influyendo en todos los aspectos de nuestra existencia. Si llegara a interrumpirse la conexión a Internet, el impacto sería significativo. Los gobiernos locales e internacionales se colapsarían, los bancos quebrarían y nos veríamos sumidos en una nueva era oscura. La electricidad y el automóvil tardaron más de 100 años en generalizarse, pero Internet se ha convertido en una necesidad tan importante en los países desarrollados como el agua, el gas y la electricidad. La falta de acceso a Internet de banda ancha, algo que ahora está presente en todas partes, afectaría al suministro de agua y energía, ya que el mundo está interconectado. Hasta tal punto ha llegado a formar parte de nuestras vidas sin que nos demos cuenta.

Cuando los teléfonos móviles se introdujeron por primera vez, los encontré exagerados e innecesarios, y jamás pensé que algún día usaría uno. Pero años después, como muchos otros, me emocionó la llegada de un nuevo smartphone que revolucionó mi vida. Ahora entiendo plenamente el impacto que este pequeño dispositivo ha tenido en mi día a día. Muchas tareas, como poner el despertador, leer el periódico o controlar mis finanzas, se pueden realizar fácilmente con este aparato.

Hoy en día está surgiendo otra nueva tecnología: los coches autónomos. Todos hemos oído hablar de ellos, pero nunca hemos visto uno y nos genera cierta desconfianza. Si somos honestos con nosotros mismos y observamos cómo se desarrollaron la electricidad, los teléfonos e Internet, ¿crees que los vehículos autónomos nunca serán posibles? ¿O acabarán siendo una realidad dentro de diez o veinte años? ¿Llegaremos a ver coches o camiones autónomos en nuestras carreteras?

Comprender esta nueva idea puede resultar desafiante al principio, pero una vez que estemos convencidos de que estos coches brindan una conducción más segura que nosotros mismos, no dudaremos en comprar uno.

Las nuevas tecnologías siempre dan miedo al principio, y las persónanos tenemos una tendencia natural a desconfiar de ellas, pero debemos recordar que tienen el potencial de hacernos la vida mucho más fácil. Así que tenemos que darles una oportunidad.

La historia del dinero

El dinero puede utilizarse para preservar nuestro poder adquisitivo y como unidad de valor que intercambiamos por bienes o servicios que consideramos valiosos o esenciales. Por tanto, puede considerarse un medio de intercambio.

A lo largo de la historia, muchas cosas se han utilizado como dinero. Al principio, existía el trueque, y la gente solía intercambiar bienes como sal o conchas. Los bienes perecederos eran el medio de intercambio menos adecuado por razones obvias. Hoy en día, un granero lleno de manzanas frescas tiene valor, pero si estas se pudren en una semana, su valor disminuirá considerablemente.

Permíteme traer a colación el Imperio Romano.

El Imperio Romano era una civilización con ingeniería avanzada, como carreteras, agua corriente y deportes organizados. De todos los pueblos antiguos, era sin duda el más avanzado. Además, el Imperio Romano era una civilización muy respetada que se extendió durante siglos. Por desgracia, todos los imperios llegan a su fin.

¿Cuál fue la causa de la caída de la poderosa Roma?

El ansia de poder de los gobernantes del imperio propició su continuo crecimiento, lo que dio lugar a la inmigración y a la mezcla de culturas. Esto hizo que la población se volviera inestable, infeliz y frustrada, erosionando poco a poco los cimientos del imperio.

Mucha gente pasa por alto el papel que desempeñaron el dinero y la inflación en la caída del Imperio Romano.

Durante el Imperio Romano:

•Las monedas romanas valían literalmente su valor en oro, plata, bronce o cobre. Cada moneda tenía su peso y tamaño exactos, utilizables para transacciones más pequeñas o más importantes.

•La antigua Roma controlaba la denominación del dinero, los niveles de pureza y la moneda.

A medida que crecía la población, se hacían necesarias más infraestructuras, como más carreteras, puentes y acueductos. Sin embargo, exigir más soldados y esclavos para mantener las cosas en marcha tenía una consecuencia negativa: siempre se necesitaba más dinero.

Existen pruebas de que se han agregado impurezas a las monedas en circulación, lo cual ha disminuido su valor por debajo de su denominación nominal.

La creación de más dinero, que era de calidad inferior al no tener el valor del metal precioso como antes, provocó un aumento de los precios, también conocido como inflación.

La inflación es una subida de precios debida a la adición de más oferta monetaria al mercado o a un fuerte aumento de la demanda.

La inflación provocó una situación en la que, durante más de 100 años, las personas de escasos recursos no podían obtener ingresos suficientes para subsistir, mientras que los ricos se volvían aún más adinerados. Finalmente, esto llevó a que no pudiera pagar a los militares, que entonces volvieron sus armas contra sus líderes.

Esto suena bastante familiar a nuestra situación actual.

Los medios de intercambio más universales en los que mucha gente estaba de acuerdo eran el oro y la plata.

Naturalmente, si se disponía de una cantidad importante de oro o plata y se deseaba comprar algo caro, transportar una gran suma resultaba muy poco práctico.

Transportar oro no era sencillo y siempre entrañaba un riesgo específico.

Poseer oro puede ser una tarea bastante desagradable incluso hoy en día. Para mantenerlo a salvo, se necesitan cajas fuertes de gran valor, y éstas tienen un precio.

Con el paso de los años, la gente empezó a confiar el oro a los bancos para su custodia.

Para evitar que la gente transportara grandes cantidades, los bancos crearon papel moneda que podía cambiarse por la cantidad equivalente de oro.

La gente confiaba en el papel moneda porque entendía que tenía el mismo valor que el oro de su banco. Más tarde, los gobiernos garantizaron que la cantidad de dinero que ponían en circulación representaría el valor real de las reservas de oro de su país.

Se trata de una práctica denominada patrón oro, un sistema en el que la mayoría de los países fijaban el valor de su dinero en una determinada cantidad de oro, de modo que todo el mundo conocía exactamente el valor de su papel moneda.

En un momento dado del siglo pasado, el sistema se hizo insostenible porque la economía mundial había crecido y el gasto público (en guerras e infraestructuras, por ejemplo) se había disparado.

No había suficiente oro para sostener todo el papel moneda en circulación. Fue entonces cuando el Presidente Nixon decidió crear el dinero FÍAT. "Fíat" es una palabra latina que significa decreto o acuerdo.

El valor del oro o la plata no respalda el dinero fíat. En su lugar, su valor proviene ahora de la confianza que las personas depositan en la moneda.

Hoy en día, el dinero fíat es el sistema financiero más utilizado en todo el mundo, y todos aceptamos el dinero impreso por el país en el que residimos.

El banco central de cada país controla centralmente el dinero actual. Tienen el poder de crear tanto efectivo como crean que necesitan. Al haber más dinero disponible, la gente gasta más dinero en los mismos bienes, lo que conocemos como inflación. En realidad, los precios de los productos o servicios no suben, sino que el valor del dinero disminuye.

Piensa en la cantidad de gasolina que podrías haber comprado con tus ahorros hace cinco años en comparación con la cantidad actual. Eso es lo que la inflación hace con el dinero. Afecta a tu poder adquisitivo de forma muy negativa.

Da miedo pensar en ello, pero imagina una nación cuyo gobierno o dictadura pueda imprimir dinero a voluntad hasta el punto de que el dinero deje de tener valor. Desgraciadamente, esta realidad ha ocurrido varias veces en diferentes países del mundo, con una inflación que se descontroló hasta alcanzar niveles impensables. Esta hiperinflación se produjo en Alemania en la década de 1920, cuando el gobierno tuvo que pagar los daños causados durante la Primera Guerra Mundial. Así que empezaron a imprimir montones de billetes que colapsaron la economía. Cuando el valor de los marcos alemanes (la antigua moneda alemana, anterior al euro) llegó a no valer nada, se requería una carretilla llena de dinero para comprar un simple periódico. Tras la hiperinflación, lo más difícil fue convencer al mundo de que algunos activos tangibles respaldaban el nuevo dinero que habían creado.

Antes de la guerra, el marco alemán estaba respaldado por oro. Sin embargo, después de la guerra, se desvinculó del oro para permitir la creación de dinero de la nada, lo cual tuvo consecuencias catastróficas para la población. La única solución era volver a los marcos respaldados por el oro, con un valor definido.

En Venezuela, bajo un régimen autoritario que imprime dinero sin restricciones, las personas que habían acumulado riquezas gracias a su arduo trabajo, veían cómo el valor de su dinero se devaluaba día tras día. Había tanto efectivo disponible que los precios se disparaban. En un instante, uno puede ser rico y al siguiente quedarse sin nada. La hiperinflación provoca que, aunque por ley los dólares estuvieran prohibidos, las personas nunca vendan sus propiedades por bolívares venezolanos, los cuales pierden su valor de manera drástica. En cambio, prefieren recurrir a los dólares ilegales para salvaguardar su poder adquisitivo de cara al futuro.

Hace cien años, Argentina era uno de los países más ricos del mundo; desde entonces, ha sufrido una inflación media superior al 100 % anual. Cambiaron su moneda cinco veces. Estos pesos adicionales no pudieron evitar que el país incumpliera varias veces el pago de su deuda nacional. El gobierno no tuvo más remedio que seguir imprimiendo más dinero para pagar sus deudas, lo que devaluó su moneda, haciendo realmente difícil vivir en Argentina. El valor de la moneda local es vital para ganarse la vida.

Hace años, el dinero sólo estaba disponible en forma física como billetes. Sin embargo, en la actualidad contamos también con la opción del dinero digital.

Guardamos nuestro dinero en cuentas bancarias que son gestionadas por los bancos a través de ordenadores.

Todos los días vamos a trabajar y recibimos un pago por nuestros esfuerzos. Sin embargo, ya no vemos físicamente el dinero, ya que se deposita en nuestra cuenta bancaria. Luego, utilizamos nuestra tarjeta bancaria o de crédito para gastarlo según nuestras necesidades. La realidad es que la mayoría de las transacciones ya se realizan digitalmente a través de cuentas bancarias, transferencias y tarjetas de crédito: hemos entrado en la era digital sin darnos cuenta.

Hoy en día, los bancos utilizan el sistema tradicional de contabilidad en un ordenador centralizado, lo que les hace más eficientes. Sin embargo, siguen dependiendo de las personas que introducen los datos en el sistema, lo que lo hace vulnerable a fallos y fraudes.

La historia nos ha enseñado que distintas civilizaciones o países han alcanzado el poder en distintas épocas, cada uno con su propio sistema comercial o moneda.

Por ejemplo, los romanos, las dinastías chinas y los imperios español o portugués tuvieron monedas dominantes durante sus respectivas épocas de prosperidad. Sin embargo, el denominador común de todas ellas es que la clase dirigente tenía el poder de imponer a los demás la moneda que había elegido.

En el pasado, las armas más eficientes han brindado a menudo ventajas a los países, permitiéndoles conquistar a otros y establecer su moneda como reserva mundial.

Gracias a la digitalización, ahora tenemos una moneda digital que no es propiedad del gobierno ni del pueblo.

¿Podría ser éste el comienzo de un nuevo sistema monetario más justo?

ENTRE BASTIDORES DE NUESTRO SISTEMA FINANCIERO

En el siglo XX, la capacidad de Estados Unidos para imponer el US$ en el comercio mundial de petróleo le impulsó a convertirse en la primera potencia económica.

A principios de los setenta, el Presidente Nixon decidió desvincular el US$ del oro e introdujo el dinero fíat. Esto, combinado con la crisis energética de los setenta, provocó una recesión que duró más de una década.

Durante este tiempo, los altos precios de la energía y la inflación obligaron a muchos gobiernos a subir sus tipos de interés para estabilizar la economía mundial. Con el sistema monetario fíat, pueden adaptar el flujo monetario en función de sus necesidades.

Veamos la inflación y lo que ha hecho con nuestro dinero.

100 dólares en 1900 equivalen en poder adquisitivo a unos 3.500 dólares en la actualidad.

El dólar tuvo una tasa media de inflación de casi el 3% anual entre 1900 y 2022, lo que produjo un incremento acumulado de los precios de más del 3.400%.

Este gráfico demuestra que el valor del dinero se mantuvo estable hasta que se introdujo la moneda fíat en la década de 1970. En ese momento, la curva empezó a subir bruscamente.

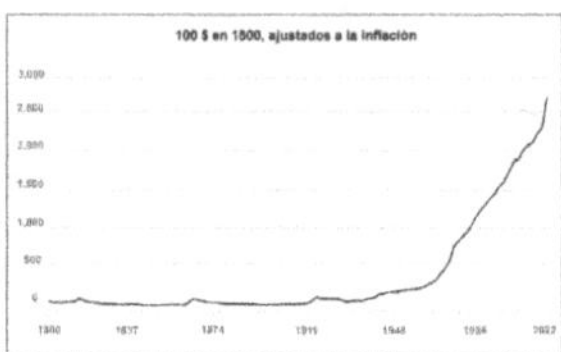

Para mí, inflación significa que los precios suben. Y eso nunca es bueno. Siempre se habla del IPC (índice de precios al consumo), que es un porcentaje que representa el aumento del coste de una cesta de bienes y servicios esenciales a lo largo del tiempo. Esto incluye cosas que todos necesitamos, como alimentos, energía, transporte y mano de obra.

Cuando los precios suben, significa que estamos perdiendo poder adquisitivo. Podemos comprar menos con nuestro dinero que en épocas anteriores.

Hasta qué punto la inflación es buena o mala depende de la situación económica de cada uno. Por ejemplo, los consumidores pierden poder adquisitivo cuando suben los precios, pero las personas con bienes tangibles, como propiedades o acciones en bolsa, experimentan la revalorización de sus activos.

La inflación encarece el coste de la vida, lo que lleva a la gente a adquirir menos bienes y servicios. Esta falta de poder adquisitivo acaba perjudicando a la economía al ralentizar la actividad económica y provocar la pérdida de puestos de trabajo.

Cuando la oferta monetaria supera el crecimiento económico, lo denominamos inflación sostenida.

Los bancos centrales gestionan la oferta monetaria para estabilizar la economía y ayudar a crear empleo, de modo que todos podamos mantener nuestro estilo de vida.

La pandemia del Covid 19 es un buen ejemplo de lo que ocurre cuando la economía mundial llega a un punto muerto. Los gobiernos inyectaron billones de dólares en el sistema para evitar el completo colapso económico mundial. Este aumento de la oferta monetaria garantizó que las empresas dispusieran de los fondos necesarios para sobrellevar los periodos de inactividad y que las familias que perdieron sus empleos pudieran mantenerse.

La invasión rusa de Ucrania provocó sanciones económicas y restricciones comerciales y limitó el suministro mundial de combustibles fósiles. Esta guerra también ha dificultado la exportación de las grandes cosechas de cereales de Ucrania, provocando inevitablemente una fuerte subida de los precios.

La guerra entre Israel y Hamas a principios de los años veinte, al mismo tiempo que la guerra en Ucrania, ejerce más presión sobre los mercados financieros debido a la necesidad de aún más dinero para financiar las guerras. Las balas y los barcos de guerra son costosos.

Los gobiernos intentan mantener la inflación en una tasa constante del 2%, dando a entender que así se fomentaría el gasto y se haría menos atractivo el ahorro con el paso del tiempo, al tiempo que se produce una subida mínima de los precios que conduce a un crecimiento económico moderado, garantizando lo que denominan un equilibrio económico ideal entre el control de los precios, la creación de empleo y el beneficio global. En las últimas décadas, alcanzar la tasa objetivo del 2% ha sido difícil.

Aunque el crecimiento previsto de la tasa de inflación sea escaso, siempre se traducirá en un aumento de la masa monetaria, lo que perjudicará el equilibrio ideal y provocará un aumento constante del coste de la vida.

Debido a la digitalización, cada vez se realizan más transacciones en línea. Estos servicios generan una cantidad significativa de ingresos para los bancos, y muchos de nosotros debemos pagar comisiones mensuales o anuales por utilizar nuestro propio dinero.

No sólo los consumidores incurren en comisiones al utilizar tarjetas de crédito, sino que los comercios que las aceptan como medio de pago también tienen que pagar comisiones. Se trata de un porcentaje de cada transacción que puede suponer mucho dinero para las empresas cada año.

Enviar un correo electrónico a África frente a hacer una transferencia bancaria a África; lo primero sólo lleva tres segundos y no cuesta nada, salvo una conexión a Internet. En cambio, una transferencia bancaria internacional puede tardar días o una semana, por no mencionar que los bancos suelen cobrar comisiones elevadas por transferir cantidades de dinero bastante pequeñas.

Millones de personas que viven y trabajan en el extranjero tienen que enviar dinero a su país para mantener a sus familias. En muchos casos, su única opción es recurrir a empresas de transferencia de dinero, ya que la persona que recibe sus fondos no tiene cuenta bancaria o no tiene la posibilidad de abrir una. Los costes de envío de estas transacciones pueden ser muy elevados según las empresas de remesas de que se disponga, dependiendo de los países.

En Canadá, varios camioneros que se declararon en huelga para protestar contra las normas COVID descubrieron que sus cuentas bancarias habían sido congeladas.

¿Tenemos realmente la libertad para poseer y utilizar nuestro dinero y nuestros bienes en este mundo centralizado?

¿Es ético que un país pueda tomar decisiones sobre las finanzas de un individuo por cualquier motivo?

Espero que mi dinero y mis posesiones nunca sean confiscados debido a mis opiniones y mi libertad de expresión.

Es precisamente esto lo que resulta preocupante de un sistema centralizado: unos pocos individuos poderosos pueden controlar la vida de muchos.

Conceptos básicos de Bitcoin

Cuando me adentré por primera vez en mi búsqueda de conocimientos sobre Bitcoin, palabras como cadena de bloques descentralizada, criptomonedas, contratos inteligentes, carteras digitales y stablecoins eran completamente nuevas para mí.

No logré comprender de qué estaban hablando hasta que comprendí plenamente el significado de estas palabras. Y creo que es importante tú también las comprendas.

Así que quédate conmigo y te guiaré mientras nos sumergimos en nuevos temas de los que quizás nunca hayas oído hablar antes.

Descentralizado

Este importante avance se logró mediante un enfoque innovador al reconocer que todo lo digital que tenemos en nuestros ordenadores está centralizado y controlado por una única autoridad.

Todos los datos que están en nuestro ordenador se guardan en nuestro disco duro. Siempre nos aconsejan hacer una copia de seguridad de todo. Por ejemplo, los bancos tienen sucursales en distintas ciudades, pero todos sus datos se guardan en un enorme ordenador central con una copia de seguridad. No es frecuente, pero a veces los grandes ordenadores centrales presentan algún fallo, y nos damos cuenta de ello cuando, por ejemplo, el ordenador central de WhatsApp tuvo problemas con su funcionamiento, impidiéndonos enviar o recibir mensajes.

El registro de la propiedad, hacienda y las administraciones locales almacenan sus datos en ordenadores centralizados. Necesitamos personas que introduzcan datos que pasan por conexiones de Internet a ordenadores centralizados y/o sistemas de copia de seguridad.

Todos estos sistemas son comparables a los sistemas contables tradicionales, ya que digitalizamos toda la información después de la invención del ordenador.

En tiempos pasados, el contable se encargaba de registrar minuciosamente cada transacción, ya fuera de ingreso o de gasto, en un libro de contabilidad. Todo se anotaba a mano en estos libros.

Actualmente, realizamos la misma tarea, pero de manera digital. Cada transacción es registrada por una persona que utiliza su teclado para introducir los datos en el ordenador.

El peligro es que, si algo le sucede a ese sistema centralizado, podríamos perder toda la información almacenada allí. Por esta razón, resulta fundamental contar con copias de seguridad, preferiblemente ubicadas en otro edificio, en caso de incendio o algo peor.

La descentralización consiste en almacenar los datos de forma no centralizada, no en uno, sino en muchos ordenadores. Es como tener mil copias de seguridad. Supongamos que nuestro banco tiene un sistema descentralizado. Si el empleado del banco introdujera datos en su ordenador, automáticamente serían recogidos por otros ordenadores, creando muchas copias de seguridad o copias exactas del libro de contabilidad bancaria en el que está trabajando. El sistema se respaldaría a sí mismo constantemente, copiando todas las transacciones introducidas por diferentes empleados en diferentes lugares. No habría un ordenador centralizado, sino una red de ordenadores registrando los mismos datos.

Puede parecer una locura, la idea de tener tantas copias y la preocupación por la necesidad de electricidad y banda ancha.

Sin embargo, esta característica brinda una gran seguridad al sistema. Incluso el propio empleado del banco no puede deshacer las acciones registradas en todos los ordenadores, lo que hace imposible eliminarlas. Esto dificulta que alguien cometa fraude. La única manera de corregir un posible error cometido es creando una nueva transacción, rectificando el error y resolviéndolo. Además, esta corrección también se reflejará y confirmará en todos los demás ordenadores que registren estas transacciones.

En blockchain, utilizamos la palabra "dirección" en lugar de "números de cuenta", por lo que podemos enviar un valor como Bitcoin de una dirección a otra dirección, que es precisamente lo mismo que enviar dólares de una cuenta bancaria a otra cuenta bancaria.

Imagina ahora un sistema monetario en el cual es imposible borrar o llevar a cabo actividades ilegales, ya que todo el mundo puede verlo. El fraude sería casi imposible. El empleado del banco no podría desviar fondos a ninguna cuenta en ninguna parte, ya que todas las transacciones quedarían registradas en estos ordenadores. La policía podría rastrear cada transacción para averiguar dónde podrían haber ido a parar los fondos. La suma total del fraude en el mundo supera con creces los costes eléctricos de asegurar un sistema monetario que sea transparente y abierto.

Así que la descentralización es un sistema muy transparente y abierto en el que es imposible ocultar algo. De todas formas, seguramente sólo los delincuentes necesitan ocultar cosas.

¿Qué pasa con la privacidad?, dirás, y tienes razón. No hay ninguna razón para poner tu nombre en cada transacción. Si pudieras ver las direcciones y transacciones de la cadena de bloques, seguirías sin saber quién está detrás de esos números. Sólo en el caso de actividades delictivas, las fuerzas de seguridad deben tener autoridad para averiguar quién está detrás de estas direcciones fraudulentas, pero, por supuesto, la legislación debe encargarse de ello. Todos los sistemas necesitan leyes y normas que nos protejan. Todos los gobiernos del mundo están preparando leyes para regular estos sistemas descentralizados. Muchos intentan que sea una legislación global, ya que los ordenadores no tienen fronteras.

Blockchain

Durante cientos de años, hemos utilizado los sistemas contables de forma similar. Siempre estamos anotando cada transacción. Primero en un libro, luego en ordenadores y en una blockchain. Hacemos exactamente lo mismo.

En una blockchain descentralizada, necesitamos tener cierta organización. Así que el inventor de blockchain organizó estos procesos de registro de transacciones en bloques, lotes de transacciones, utilizando sellos de fecha y hora como orden básico de los bloques.

Para que los ordenadores puedan registrar todas estas transacciones, se organizan en bloques. En el momento en que se produce una transacción o registro en un momento determinado, que es real y no puede alterarse, se reúnen todas en bloques según el momento de su entrada o creación. Cuando el bloque está listo o completado o lleno, como quiera llamarse, se añade a la cadena de bloques. Con el tiempo se crea una cadena de bloques; cada nuevo bloque hace que la cadena de bloques sea más grande y más fuerte. Nada en la blockchain puede ser alterado después porque está siendo recogido por un enorme número de ordenadores o nodos, como a veces lo llaman.

El hecho de que la cadena de bloques se copie de forma descentralizada hace que sea imposible alterarla después porque cambiar datos en miles de ordenadores repartidos por todo el mundo es imposible. Lo mismo ocurre con el pirateo o el engaño. Tantos ordenadores lo hacen prácticamente imposible. Cuanto mayor sea la cadena y más nodos (ordenadores) copien la blockchain, más fuerte y segura será.

Son posibles diferentes cadenas de bloques. Una cadena de bloques "pública" es una cadena de bloques descentralizada que todo el mundo puede consultar. Cualquiera en cualquier parte del mundo puede conectarse y descargar el libro de contabilidad registrado desde el primer bloque hasta que se añade el último y seguir actualizándolo.

Bitcoin, por ejemplo, es una blockchain pública, lo que significa que puede ejecutar su nodo conectando un ordenador en su casa con memoria suficiente para copiar y registrar cada transacción que haya ocurrido en la blockchain de Bitcoin. El sistema monetario más transparente del mundo.

La gente también puede crear blockchains "privados". Por ejemplo, los médicos de todo el mundo podrían crear una cadena de bloques para registrar todas las alergias de sus pacientes. A esto sólo podría acceder el personal médico autorizado y sería útil cuando se viaja al extranjero, permitiendo al personal médico obtener la información médica necesaria para tratarte

Contratos Inteligentes

Los contratos inteligentes fueron probablemente la parte más difícil de entender porque la palabra "contrato" probablemente me hizo pensar en un contrato convencional.

Ahora sabemos lo que es una blockchain descentralizada, donde podemos mover Bitcoin de una dirección a otra y así mover nuestro valor por todo el mundo.

También podemos añadir contratos inteligentes a la blockchain, pero yo preferiría llamarlos órdenes de ejecución para una mejor comprensión.

Sabemos que una blockchain es un libro de contabilidad copiado sobre innumerables nodos, y todo lo que ha sucedido en el pasado no puede ser alterado porque todo está registrado y, por tanto, confirmado.

Mediante el uso de contratos inteligentes o comandos de ejecución, podemos instruir a la blockchain para realizar acciones en el futuro. De esta manera, podemos agregar un contrato inteligente a la blockchain en forma de software escrito.

Lo que queremos decir con una orden de ejecución o contrato inteligente es que podemos ordenar a la blockchain precisamente lo que queremos que haga, y al registrarlo en el blockchain, tampoco puede ser alterado.

Un ejemplo directo de una orden de ejecución podría ser:

•Pulso la letra x en mi teclado, y la letra x aparece en la pantalla. Es decir, el ordenador hace exactamente lo que le pido (esto es un comando en mi ordenador, no en la blockchain).

•Voy a una máquina expendedora, introduzco una moneda y pulso B14, y la máquina expendedora me dará exactamente la chocolatina de B14 (una orden de ejecución en una máquina expendedora).

Un contrato inteligente es una orden o mandato escrito en código de software que está destinado a ejecutarse automáticamente, en función de los términos de un acuerdo o contrato.

Así, podemos decirle a la blockchain, mediante un contrato inteligente, que queremos que se realice alguna acción si se alcanzan o incumplen algunos términos del acuerdo o contrato.

Un ejemplo fácil de contrato inteligente sería compararlo con una hipoteca.

Si el banco te vende una hipoteca, llegáis a un acuerdo sobre la cantidad deseada, los años y el tipo de interés. Te transferirían el dinero para comprar la casa y luego empezarías a pagar las cuotas mensuales. Si no cumples con tus obligaciones de pagos mensuales, acudirán a los tribunales y pedirán que se les entregue la casa como pago de la hipoteca.

Si en el futuro el banco utiliza blockchain, podría ocurrir lo mismo, pero de forma automática.

El banco podría prestarte US$ 100.000 para que te compres una casa, y acordamos que lo devolverás en 110 mensualidades de US$ 1.000, lo que supondría para el banco un beneficio de US$ 10.000.

En el contrato inteligente, también se establece que si no realizas los pagos correspondientes durante un periodo superior a tres o seis meses, la propiedad de la vivienda pasará automáticamente al banco.

Como habéis llegado a este acuerdo de mutuo acuerdo y lo habéis asegurado en un contrato inteligente, el blockchain obedecerá automáticamente lo que se le ordene.

Nadie puede alterarlo a menos que acordemos mutuamente crear otro contrato inteligente en el caso de un nuevo acuerdo.

Así que tendrás que pagar cada mes según lo acordado. Si no pagas según las clausulas del contrato inteligente, éste entregará automáticamente la casa. Ambos están sujetos a las condiciones acordadas, y el contrato inteligente se asegurará de que las dos partes cumplan con sus obligaciones.

Este es sólo un ejemplo de contrato inteligente o de ejecución de una orden. En el futuro, cada vez más sectores sociales utilizarán blockchains, el "nuevo ordenador". La tecnología, la sanidad, los servicios, la industria y las finanzas lo pondrán en práctica, por lo que estaremos utilizando contratos inteligentes, probablemente incluso sin darnos cuenta. Más adelante en este libro, leerás sobre un ejemplo del sector asegurador.

Billetera Digital

Cuando hablamos de una blockchain descentralizada, la forma más sencilla de comprenderla es a través del dinero, como el caso de la blockchain de Bitcoin.

En una cadena de bloques, por razones de seguridad, todo está encriptado. Por eso se llama criptomoneda. Se escribe en secreto para que otras personas no puedan leerlo o robar nuestro Bitcoin.

Bitcoin es una criptomoneda en una blockchain pública que es completamente transparente y tiene valor. Es dinero.

Si compramos Bitcoin, que es digital, no podemos tocarlo ni guardarlo en un sitio físico. El Bitcoin está en la blockchain de Bitcoin y ahí se queda. Lo que ocurre cuando se lo compramos a alguien es que será enviado a tu dirección en tu monedero digital.

Un monedero digital creará automáticamente una dirección Bitcoin para ti, facilitándonos el acceso a esta dirección Bitcoin que tenemos en la blockchain de Bitcoin. Así como con un monedero convencional, podemos utilizarlo para pagar o recibir Bitcoin.

Un monedero digital es como una aplicación que se puede tener en el teléfono móvil. Cada usuario tiene su número secreto, lo que garantiza que nadie más pueda acceder a él.

Por lo tanto, tener un monedero digital en el teléfono es como tener una cuenta bancaria. Puedes guardar y hacer transacciones como si estuvieras pagando y recibiendo dinero.

Puedes guardar algunos Bitcoin como reserva de valor y no tocarlos, como harías en tu cuenta de ahorros, o puedes hacer una transacción, como en una transferencia bancaria, enviando una suma de Bitcoin a la dirección Bitcoin de otra persona.

Puedes pagar un café o hacer otras pequeñas compras desde su monedero digital. Muy a menudo, escanear un código QR del vendedor enviará automáticamente la cantidad de Bitcoin a la dirección del vendedor

Stablecoins

Bitcoin no tiene secretos. El software que hizo posible Bitcoin es abierto y transparente para todo el mundo.

Habrás oído que existen muchas criptomonedas. Muchas de ellas se crean simplemente copiando el código fuente de Bitcoin. De esta manera se obtiene otra blockchain, y se asigna un nombre distinto tanto a la nueva blockchain como a la moneda. Y así es como la gente puede crear nuevas criptomonedas. Ten cuidado, ya que la distinción con una nueva blockchain que tú o yo podríamos crear es que no es descentralizada. Es necesario que sea descentralizada en la mayor cantidad de ordenadores o nodos posible. Para lograr la descentralización, el blockchain debe ser inmutable, lo cual significa que ninguna persona, empresa o gobierno tiene autoridad sobre él, y no puede ser alterado. Esta es la belleza de Bitcoin. En realidad, no es posible hackearlo ni manipularlo. Nadie tiene el control; es simplemente un libro de contabilidad en manos de miles de nodos que se copian mutuamente. En este momento, Bitcoin es la única red monetaria verdaderamente descentralizada del mundo.

Es por eso que soy cauteloso y tengo cierto temor al invertir en otras criptomonedas. Siempre hay una persona detrás de ellas, lo cual me hace perder confianza. Prefiero depositar mi confianza en un software más seguro que en seres humanos con su comportamiento impredecible.

Las criptomonedas tienen el valor que la gente les atribuye. Como ocurre con Bitcoin, cuanto mayor es la demanda, mayor es el precio. Se trata de un mercado típico de oferta y demanda.

Una stablecoin, sin embargo, es diferente. Se crea para tener un valor estable. Por ejemplo, un dólar stablecoin debería tener siempre el mismo valor que un dólar real, por lo que la tasa de conversión debería ser siempre de 1 dólar stablecoin por un US$. De ahí el nombre de valor estable.

El motivo de la existencia de las stablecoins es que podemos utilizarlas en la blockchain.

La blockchain hace posible enviar criptomonedas de una dirección a otra. No importa dónde existan físicamente estas direcciones, pueden estar en cualquier parte del mundo.

Imagina que quieres enviar US$ 1.000 de A a B, utilizando un banco. Esto llevará unos días y tendrá un coste. Esto se debe a que estamos utilizando el intermediario, los bancos, que se beneficiarán de hacerlo.

Gracias a las stablecoins, puedo cambiar mis US$ 1.000 en dinero real por la misma cantidad de US$ 1.000 en una versión stablecoin. Además, puedo enviar esta stablecoin de manera instantánea y gratuita a cualquier parte del mundo. Una vez recibida, el destinatario puede convertir sus dólares en stablecoin a dólares reales.

De este modo, ganamos mucho tiempo y eliminamos el coste del intermediario.

Lo principal aquí es que Bitcoin tiene su valor real de la oferta y la demanda. Al mismo tiempo, las empresas controlan las stablecoins. Estas empresas tienen que ganarse tu confianza, y la única manera de hacerlo es respaldando sus stablecoin dólares con dólares reales y siendo abiertos y transparentes al respecto. Esta es la única manera de garantizar que esos dólares reales respalden los dólares stablecoin.

Este capítulo se creó debido a la necesidad de comprender los fundamentos de las blockchains descentralizadas. Es nuevo, y aún no nos damos cuenta, pero al igual que Internet cambió nuestras vidas en veinte años, esta tecnología blockchain y sus aplicaciones mostrarán su utilidad de muchas maneras.

Si se utiliza correctamente, se implementa de forma profesional y se regula, podría cambiarlo casi todo, probablemente sin que nos demos cuenta

¿Qué es Bitcoin?

Tener tu dinero en el banco, en la bolsa o poseer una casa es similar a tener Bitcoin, pero en forma digital. Bitcoin representa el dinero digital.

Bitcoin es un activo digital que se puede utilizar para almacenar valor, pero no tiene presencia física y no se puede tocar.

Todo empezó en octubre de 2008, cuando Satoshi Nakamoto publicó una descripción de un sistema monetario descentralizado llamado Bitcoin.

Nadie sabe quién es o fue Satoshi Nakamoto. Algunos creen que fue un grupo de personas, pero nadie lo sabe con certeza, lo cual es una de las características más significativas de Bitcoin.

Este es un punto realmente importante de entender porque esto le da a Bitcoin su independencia, ya que nadie puede beneficiarse de ella ni alterarla.

A diferencia de las monedas fiduciarias tradicionales, el gobierno central o los bancos centrales no pueden interferir en Bitcoin.

En pocas palabras:

•Bitcoin es dinero digital.

•El sistema permite enviar Bitcoin de un usuario a otro, por lo que se pueden realizar transacciones entre personas.

•Satoshi Nakamoto inventó Bitcoin; nadie sabe quién es.

•Habrá un máximo de 21.000.000 (21 millones) de Bitcoin, y cada Bitcoin es divisible en 100.000.000 (100 millones) de Satoshis. Así que los Satoshis son al Bitcoin como los céntimos al dólar.

1 dólar son 100 céntimos, y 1 Bitcoin son 100.000.000 Satoshis.

•Bitcoin está descentralizado, y nadie puede dominarlo. Los gobiernos, las naciones y las grandes corporaciones están centralizados; una sola persona o un pequeño grupo puede influir en ellos. Para Bitcoin este no es el caso.

•Bitcoin está descentralizado porque funciona en miles de ordenadores simultáneamente por todo el mundo.

Así pues, Bitcoin es un sistema monetario en el que puedes guardar o almacenar tus Bitcoin o Satoshis (que es lo mismo) y transferirlos a otras personas. Eso es todo.

Puedes comprar Bitcoin y guardarlo. Es como el dinero, sólo que en forma digital.

También puede utilizar Bitcoin para pagar cosas si ambas partes están de acuerdo.

La razón de adquirir y mantener Bitcoin radica en su alta probabilidad de incrementar su valor a medida que más países y empresas lo adopten, a diferencia del dinero fiduciario que tienes en el banco.

Con el mundo digitalizándose, era sólo cuestión de tiempo que surgiera algo con valor digital mundial.

Este gráfico visualiza el valor de Bitcoin a lo largo del tiempo. Como puedes ver, los valores han sido volátiles, pero hay una clara tendencia al alza, lo que significa que el precio de Bitcoin está aumentando. La escala de este gráfico se ha ajustado para mostrar mejor los datos; va de 0 a 100.000 dólares.

A graph showing the growth of the stock market

Description automatically generated

Según su historia y su realidad, Bitcoin es un activo que sólo es interesante como reserva de valor cuando se tiene un horizonte temporal amplio. Si adquieres Bitcoin y lo evalúas en un plazo inferior a cinco años, puedes sentirte decepcionado. Considerándolo como una inversión a largo plazo, dadas las próximas regulaciones y la posible adopción global, las perspectivas podrían ser muy prometedoras. No me corresponde a mí dar consejos financieros, pero esta es mi opinión. Después de leer todo el libro, puedes formar tu propia opinión.

Sería irreal esperar que Bitcoin solo crezca constantemente y mejore sin cesar. Sin embargo, es evidente que cuando algo surge, puede perturbar nuestro sistema financiero mundial. Esto no puede suceder de la noche a la mañana y hay y habrá mucha resistencia por parte de la gente que actualmente controla nuestro dinero fíat.

Para que Bitcoin crezca, es necesario que fluya el dinero hacia él. Esto implica que las personas deben liberar fondos de otros activos y tener la convicción de invertirlos en Bitcoin. En el pasado, hubo momentos en los que la gente compraba Bitcoin y luego su precio experimentaba una drástica caída. Esto causó un gran temor en muchos, llevándolos a vender su Bitcoin con grandes pérdidas y a expresar su frustración diciendo que todo era basura. Debo admitir que cuando esto me sucedió a mí, surgieron dudas y el miedo se apoderó de mí. No dejaba de preguntarme si estaba tomando la decisión correcta.

No vendí, pero puedo asegurar que la primera vez que me pasó, no fue para nada agradable. Tras examinar la historia de Bitcoin, confié en que se recuperaría y mejoraría con el tiempo. Por supuesto, esto no es algo seguro, así que no te estoy recomendando que compres Bitcoin. Simplemente te cuento mi experiencia.

También hay momentos en los que la prensa está llena de críticas y pesimismo. Sin embargo, ahora observo y escucho estas noticias desde una perspectiva distinta, reflexionando sobre quiénes las difunden y si tienen motivos para sembrar miedo, duda e incertidumbre entre las personas en relación con Bitcoin.

En realidad, esta información negativa proviene de fuentes relacionadas con importantes instituciones financieras y políticos que trabajan en la legislación que defiende un sistema monetario existente que pueden controlar. Consideran que la amenaza de esta nueva tecnología podría tener un impacto significativo en los servicios que ofrecen, y, por consiguiente, su existencia futura podría depender del éxito de Bitcoin. Por ello, siempre reflexiono detenidamente cuando escucho nuevos rumores.

Con Bitcoin, todavía nos encontramos en una etapa inicial de adopción a nivel mundial. Es comprensible que los gobiernos lo consideren una amenaza para su propia moneda, ya que prefieren tener algo bajo su control.

BITCOIN PARA UN MUNDO MEJOR

Mientras estudiaba Bitcoin y trataba de saciar mi sed de conocimiento, me sorprendía constantemente con lo que descubría.

Me di cuenta de que el dinero es a menudo la causa y la solución de muchos problemas, como la desigualdad y la injusta distribución de la riqueza en todo el mundo.

A menudo se dice que el dinero no hace la felicidad, lo cual es cierto. Sin embargo, la falta de dinero puede ser la causa de muchas penurias.

Todo lo que la gente anhela para sus familias es salud, comida y un hogar. Ahí radica la verdadera riqueza, no en el dinero. En nuestro mundo, el dinero se hace necesario para alcanzar todas esas cosas. Aunque no lo sea todo, es indudablemente útil.

Así que, si podemos solucionar la cuestión del dinero, podremos resolver muchos problemas.

¿Por qué necesitamos una inflación anual del 2%, como dicen? Esto implica que tu dinero desaparecerá cada cincuenta años. Por consiguiente, cada nueva generación se ve obligada a comenzar desde cero. Esta inflación aumenta el precio de la vivienda, haciendo imposible que nuestros hijos puedan permitirse una casa.

Necesitamos dinero duro, como Bitcoin, que no pueda ser manipulado.

Muchos países o empresas tienen tanta deuda que sus intereses los hacen financieramente insostenibles, provocando el impago de sus obligaciones financieras y la bancarrota.

Salir de esta espiral descendente y pasarse a Bitcoin puede ser la única solución.

Un incremento en la adopción global de Bitcoin resultaría en una mayor demanda, lo que impulsaría su valor al alza.

Así pues, veamos qué podría solucionar Bitcoin.

Diferencias Entre Generaciones

En mi opinión, todo empieza en el lugar donde naces, algo que no puedes elegir.

Se dice que eres producto de tu entorno, lo cual es probablemente cierto en gran medida.

Creo que la actitud y las ganas de aprender también tienen mucho que ver.

Una de las cosas que recuerdo de mi infancia fue la crisis energética de los años setenta. Aquellos domingos en los que los coches no podían circular por las carreteras debido a la crisis del petróleo.

En aquel entonces, encontrar trabajo era todo un desafío, pero siempre había oportunidades en el sector de la hostelería cuando se necesitaban. Esto me permitió seguir adelante a los 20 años, pero sin una educación formal, no podía esperar tener un futuro prometedor en medio de la crisis.

Sin educación, no sabía qué hacer con mi vida. Vivía entonces como tantos otros, intentando divertirme, la mayor parte del tiempo sin dinero.

Tuve la suerte de poder comprar mi primera casa, realmente humilde, cuando nació mi hija.

Años después, cuando empecé a escribir este libro, mi hija fue quien me animó a reescribir capítulos y párrafos, me obligó a no rendirme.

Recientemente hablábamos de que los jóvenes hoy en día no pueden comprarse una casa. Esto se debe a que los precios de la vivienda no han dejado de subir, llegando a niveles inalcanzables para personas con una renta media. Desde la crisis de la deuda europea que empezó en 2009 hasta finales de 2010, los bancos te exigían pagar una gran cantidad de dinero por adelantado para conseguir una hipoteca, lo que hacía imposible comprar una propiedad.

Considero que cuando los ahorros en Bitcoin crezcan más rápidamente que los gastos en compra, mantenimiento y alquiler de viviendas, esto generará una disminución en la demanda del mercado inmobiliario y, consecuentemente, una reducción en los precios. Además, gracias a Bitcoin, las generaciones más jóvenes podrán recomprar propiedades porque los precios volverán a su valor base en lugar de dejar que la especulación o la inversión hagan subir el coste.

Crecí en un mundo impulsado por el consumismo, y ahora considero justo afirmar que estamos inmersos en una sociedad de consumo excesivo.

Así que quizá, cuando tenga sentido ahorrar dinero, la gente gaste menos, reduciendo las extravagancias y otros comportamientos derrochadores, lo que dará lugar a un mundo más respetuoso con el medio ambiente. Consumiremos lo que necesitemos, así que es de esperar que ahorrar Bitcoin conduzca a una sociedad ambientalmente más limpia para las generaciones futuras.

Creo que Bitcoin ayudará a mi hija y a las generaciones futuras.

Esperanza

Ahorrar Bitcoin da esperanza. Aunque el precio fluctúa a diario, ha demostrado ser la mejor inversión a largo plazo y el mejor activo para crear riqueza durante los últimos quince años.

Aunque no existen garantías, el rendimiento histórico ha demostrado que invertir un pequeño porcentaje de tus ingresos o activos en Bitcoin probablemente te brindará más valor con el tiempo.

Si gastas la misma cantidad de dinero cada semana en billetes de lotería que en comprar Bitcoin, estadísticamente estás destinado a perder dinero en la lotería y a obtener beneficios con Bitcoin. Si la adopción mundial sigue su curso actual, el precio de Bitcoin seguirá en aumento.

Al igual que se pierde dinero con la lotería, considera tus ahorros en Bitcoin también como una pérdida, y mira dentro de cinco años la cantidad de Bitcoin que has acumulado y cómo ha aumentado su valor. Esto no es asesoramiento financiero.

	Comprar loteria $10/semana	**Precio de Bitcoin en la fecha**	**El valor equivalente a 1 de enero del año**	**Estado acumulado a final del año BTC**
2017	US$500	US$ 963.66	$500=0.51885519 BTC	0.51885519 BTC
2018	US$500	US$ 14,112.20	$500=0.03543033 BTC	0.55428552 BTC
2019	US$500	US$ 3,746.71	$500=0.13345041 BTC	0.68773593 BTC
2020	US$500	US$ 7,194.89	$500=0.06949376 BTC	0.75722969 BTC
2021	US$500	US$ 28,994.01	$500=0.01724494 BTC	0.77447463 BTC
2022	US$500	US$ 46,311.75	$500=0.01079639 BTC	0.78527102 BTC
2023	US$500	US$ 16,547.91	$500=0.03021529 BTC	0.81548631 BTC
2024	US$500	US$ 42,280.23	$500=0.01182585 BTC	0.82731216 BTC

Tan solo al gastar la misma cantidad de dinero que invertirías en la lotería y considerando que el dinero de la lotería se ha

perdido (a pesar de darte esperanzas cada semana), si hubieras comprado Bitcoin, habrías obtenido:

Si lo hubiéramos hecho el 1 de enero de 2024, cuando 1 Bitcoin valía US$42,280.23, habríamos acumulado 0,82731216 Bitcoin, equivalentes a US$34,978.94

En esa fecha, podrías haber vendido la mitad de tu Bitcoin, comprarte un coche y dejar el resto en Bitcoin para que creciera con los años.

No es un consejo financiero, es la realidad.

Inflación

Hace cincuenta años, lo que te costaba US$2, hoy te cuesta US$100. Así que, a menos que tu patrimonio esté invertido en acciones, bienes inmuebles u otros activos, no perdurará a lo largo de las generaciones si se mantiene como moneda fiduciaria.

A menudo se hace referencia al Bitcoin como oro digital, un depósito de valor moderno. La diferencia entre el oro y el Bitcoin es que el oro es pesado, voluminoso, difícil de transportar y costoso de almacenar en cámaras de seguridad. No obstante, Bitcoin en la blockchain se puede transferir con facilidad a través del espacio. Enviar Bitcoin de un punto a otro es rápido y sencillo. Además, guardar Bitcoin no conlleva costes de mantenimiento ni requiere medidas de seguridad adicionales, dado que se mantiene en la blockchain.

Bitcoin no es un activo maduro. Hasta que haya mucha más adopción en todo el mundo, habrá volatilidad. Puede haber algunos casos en los que el precio de Bitcoin cambie significativamente, y debes ser capaz de aceptarlo sin preocuparte demasiado.

Numerosas personas y empresas adineradas están destinando una parte de su cartera a Bitcoin.

Se están utilizando porcentajes del 1%, 3% o 5% para asegurarse en caso de que Bitcoin logre una mayor adopción.

Invertir un pequeño porcentaje de tus ahorros en Bitcoin podría brindarte ganancias significativas a lo largo del tiempo.

La cantidad que has invertido representa el límite de tus pérdidas en caso de que Bitcoin no aumente su valor o incluso lo pierda por completo. Si no inviertes en Bitcoin, estás expuesto a perder debido a la inflación.

Dadas las circunstancias, prefiero poseer cierta cantidad de Bitcoin en lugar de no tener nada, dada la relación entre el riesgo y la recompensa.

El hecho es que empresas como Visa y Mastercard han adoptado este activo. Poseo una tarjeta Visa que me permite gastar mis Bitcoin. Además, PayPal ofrece la opción de adquirir y almacenar Bitcoin.

Grandes bancos tienen una patente aprobada para carteras digitales, mientras que el Banco Santander está ofreciendo servicios de criptomoneda en Brasil. En mi opinión, es posible que no deseen hacer esto completamente público en este momento porque están esperando a que la regulación se haga realidad para así obtener la mayor cantidad posible de Bitcoin a precios relativamente bajos. Así pueden aprovechar la situación antes de que grandes empresas y países soberanos comiencen a comprar grandes cantidades, lo que haría que el precio se dispare.

Cuenta Bancaria

En un sistema centralizado, tal como lo conocemos hoy, es necesario demostrar al banco tu identidad y justificar por qué necesitas una cuenta bancaria antes de que decidan si dártela o no. Esto implica la necesidad de contar con dinero o tener unos ingresos fijos.

La mayoría de la población mundial no entra en esa categoría. Muchas personas de África, Asia y Sudamérica ni siquiera poseen carné de identidad o pasaporte. Sin documentos personales válidos, es imposible abrir una cuenta bancaria o formar parte de la economía y participar en ella.

Por ejemplo, si vives en un país en desarrollo y quieres exportar o vender tallas de madera como obras de arte o souvenirs, te resultará imposible, ya que tus clientes no podrán enviarte dinero de forma eficiente.

Con un smartphone y conexión a Internet, tienes la posibilidad de evitar los servicios bancarios convencionales al acceder a la blockchain de Bitcoin y realizar transacciones descentralizadas entre pares. Ahora, estas personas tienen la capacidad de realizar y recibir pagos, solicitar préstamos o prestar dinero, todo de manera segura y sin incurrir en altas comisiones.

Los habitantes de los países en desarrollo tendrán por fin una salida.

Ahora, existe una forma de hacer crecer un negocio.

Muchos otros han emigrado de sus países en desarrollo y tratan de encontrar una nueva vida en países más ricos. Muchas de estas personas son muy trabajadoras y viven vidas muy modestas para poder mantener a sus familias en sus países de origen. Gran parte del dinero que envían a casa, a menudo cada mes, se pierde en los costes de las transferencias. Las transferencias digitales entre pares probablemente reducirán drásticamente estos gastos.

Adopción de Bitcoin y la tecnología Blockchain

Bitcoin fue introducido al mundo por Satoshi Nakamoto, y desde entonces, muchas naciones le están dando la bienvenida, dándose cuenta del potencial de esta nueva tecnología, mientras que otras lo rechazan para proteger a sus gobiernos locales y bancos centrales. Es increíble lo popular que se está volviendo este nuevo sistema monetario, ganando aceptación y extendiéndose tan rápidamente por diferentes continentes, culturas y razas. Es verdaderamente universal.

En esta sección, quiero mostrarte lo rápido que está progresando la revolución o evolución del Bitcoin, obligando a los gobiernos y a las empresas a actuar y a las industrias a aceptarlo o beneficiarse de él.

Como dice el refrán, una vez que la pasta de dientes sale del tubo, no se puede volver a meter. De manera similar, Bitcoin ya está ahí fuera y no hay quien lo pare.

África se beneficiaría del establecimiento de un registro de nacimientos basado en blockchain.

Hace dos años fui de safari a Kenia, una experiencia inolvidable.

Recuerdo que atravesamos en coche una aldea remota con apenas unas casas, donde nos detuvimos y dimos un corto paseo porque vimos un pequeño mercado.

La pobreza me impactó cuando vimos niños pequeños que llevaban bidones con agua marrón oscura, el agua que acababan de sacar de un arroyo diminuto y sucio. Nunca me había enfrentado tanto a la realidad que aquella gente tenía que soportar cada día.

Cuando nace un niño en ese pueblo, la madre comienza a amamantarlo y la vida continúa. Los días pasarán y el niño crecerá, pero no hay un sistema adecuado para registrarlos.

En el lugar donde nací, recibí un certificado de nacimiento emitido por la comadrona o el hospital. Este documento fue posteriormente registrado por las autoridades locales, otorgándome una identidad que prueba mi origen y que utilizo en diferentes etapas importantes de mi vida, como ir a la escuela, trabajar, abrir una cuenta bancaria o comprar una casa. Mi identidad es fundamental en todos estos aspectos.

En muchas partes del mundo no existe un registro local que ayude a la gente con este problema.

Esta situación podría resolverse mediante el uso de una tecnología blockchain, donde los recién nacidos sean registrados en un libro de contabilidad descentralizado. Además, esta solución podría implementarse fácilmente a través de un dispositivo móvil. Tendría que haber un protocolo para garantizar que el nacimiento de esa persona es legítimo, y habrá que establecer normas y reglamentos. Si hacemos esto, aquel niño que estaba destinado a ser anónimo y carecer de derechos, ahora tendrá la oportunidad de tener un futuro en el que pueda demostrar su existencia como individuo, con un pasado y tal vez un futuro. Esto nos otorga dignidad. Contar con un registro inmutable y preciso de las personas será fundamental para el desarrollo de África.

Los países que experimentan problemas monetarios son los primeros en reconocer los beneficios de Bitcoin.

Estos ciudadanos están preocupados por la devaluación de su moneda y ven en Bitcoin una solución para protegerse de la rápida disminución del poder adquisitivo de su dinero.

No obstante, en otros países donde se utiliza el dólar estadounidense inflacionario, es el gobierno el que ve los beneficios de adoptar Bitcoin.

El primer país en aceptar Bitcoin como moneda de curso legal fue El Salvador, donde se puede utilizar Bitcoin de la misma forma que los dólares. Así que, si quieres un café o una cerveza en la playa, puedes pagar con Bitcoin.

El Salvador tiene una alta inflación y bajos índices de educación en Centroamérica. Su antigua moneda era el colón, que circuló hasta 2003; después, sólo se utilizaron dólares estadounidenses.

La economía estaba en declive, lo que dio lugar a la elección de un nuevo y joven presidente. Este líder está intentando mejorar las cosas reduciendo los niveles de desempleo y pobreza.

El Salvador convirtió Bitcoin en moneda legal en el verano de 2021, permitiendo su uso junto con el dólar, incorporando Bitcoin gradualmente, mostrando los precios de las tiendas tanto en dólares estadounidenses como en Bitcoin. Desafortunadamente, esto, combinado con la guerra de la nueva administración contra el crimen organizado, está impulsando a El Salvador a salir de su situación económica.

En 2022, más de cuarenta países visitaron El Salvador para analizar el enfoque de Bitcoin y evaluar las perspectivas de su adopción en sus propias naciones.

Cada vez más consumidores en todo el mundo buscan una solución a la inflación, la cual está erosionando sus ahorros. Sin embargo, cuando el dinero pierde valor día a día, no tiene sentido seguir ahorrando.

¿Cómo puedes crear un futuro para ti o tu familia en estas circunstancias?

Cada vez más personas están tratando de ahorrar Bitcoin, ya que lo ven como una esperanza para un futuro mejor.

Con un número creciente de estados que lo aceptan, Estados Unidos se ha convertido en un aliado del blockchain, ofreciendo numerosas ventajas a la criptoindustria. Estas ventajas incluyen electricidad de bajo costo y reducciones en las tasas impositivas. Lo hacen porque tienen una sólida creencia en el prometedor futuro de la tecnología blockchain, respaldado por su actual impacto y tendencia a nivel mundial.

En todo el país hay cajeros automáticos donde se puede adquirir Bitcoin. Cada vez más tiendas en Estados Unidos están comenzando a aceptar Bitcoin como medio de pago, de manera gradual pero segura.

En Europa, Bitcoin está siendo aceptado y estudiado por muchos países, algunos permitiendo su uso como método de pago. Además, tanto gobiernos como nuevas empresas están explorando diversas formas de implementar esta innovadora tecnología en otros ámbitos de nuestra comunidad.

La Unión Europea también está trabajando en regular Bitcoin y otras tecnologías blockchain para garantizar el control y proteger a los consumidores de actividades ilegales.

Asia se encuentra a la vanguardia de la tecnología blockchain, con Hong Kong y Singapur liderando esta industria en constante crecimiento. Cada vez más personas en la región poseen criptomonedas, siendo Bitcoin una de las más populares.

La mayoría de las principales bolsas de criptomonedas a nivel mundial provienen de Asia, donde cada vez más personas trabajan en esta industria.

Nuestra salud nos afecta a todos y es de suma importancia. Si vivimos en un lugar donde existe un sistema médico centralizado, nuestra información médica personal se almacena en su base de datos y puede obtenerse si se solicita. Sin embargo, a menudo esta información no está disponible simultáneamente en diferentes hospitales, ciudades o países.

El uso de una blockchain mundial que mantenga el historial médico de cada paciente en un sistema seguro y que sólo permita el acceso a personas cualificadas sería un avance increíble que salvaría vidas. Imaginemos que alguien se va de vacaciones a otro país y tiene un problema médico. El médico tendría acceso inmediato a todos los datos relevantes del paciente lo cual le permitiría determinar el mejor plan de tratamiento.

El costo y el tiempo se reducirían significativamente, lo cual resultaría en un tratamiento de mayor calidad.

De todas las industrias, el sector bancario es el más amenazado por Bitcoin y otras monedas digitales.

La introducción de blockchain beneficiará a bancos y clientes al permitir transacciones más rápidas, baratas y seguras, poniendo fin a las elevadas comisiones por transferencias y remesas internacionales.

Todos los grandes bancos del mundo están entrando en esta innovadora área de las finanzas modernas. Los bancos tradicionales están llevando a cabo programas piloto para asegurarse de que están plenamente preparados cuando se complete el marco jurídico.

Cuando exista la legislación adecuada, se podrá acceder a estos activos a través de las instituciones financieras. También podrán proporcionar almacenamiento para estos activos, de forma similar a como manejan actualmente la moneda fiduciaria, y la adopción crecerá a un ritmo exponencial.

Otro sector en el que la tecnología Blockchain puede aportar muchas ventajas es el de los seguros.

Dado que cada compañía de seguros no tendría que procesar cada reclamación individualmente, habría menos trabajo duplicado en general.

Cuando ocurre un accidente de coche, rellenamos un formulario. Luego, cada parte avisará a su corredor de seguros, que registrará el suceso en el sistema que mantiene con la aseguradora para la que trabaja. Ambas partes ejecutan exactamente la misma tarea. Por último, las compañías de seguros investigarán y determinarán quién pagará los daños. Al utilizar una blockchain para este proceso, el resultado se decidiría según las normas del reglamento de tráfico, que determinaría automáticamente quién es responsable de los daños. Si, por ejemplo, uno de los coches iba marcha atrás, por ley, sería el responsable del accidente. En lugar de tener que comunicarse entre dos compañías de seguros para llegar a una decisión, esto sucedería automáticamente a través del sistema, utilizando contratos inteligentes, ahorrando tiempo y dinero.

Esto reduciría al mínimo las disputas entre compañías de seguros, eliminando a los intermediarios, simplificando la administración y ofreciendo resultados más rápidos y satisfactorios, lo que se traduciría en precios más bajos.

En este momento, las principales compañías de seguros ya están desarrollando un sistema que conduciría a seguros más baratos, más rápidos y mejores.

Estos son sólo algunos ejemplos de dónde pueden y van a utilizarse las cadenas de bloques en el futuro.

Un libro de contabilidad transparente y descentralizado podría utilizarse para casi todo de forma más precisa y abierta. ¿Quién sabe si los sistemas centralizados seguirán siendo ampliamente utilizados dentro de veinte o treinta años?

Preguntas frecuentes y argumentos contra Bitcoin

Por naturaleza, tendemos a desconfiar de aquello que no comprendemos completamente. Esta cualidad ha sido de gran ayuda para la supervivencia de la humanidad desde sus inicios.

Solemos ser cautelosos con lo desconocido para evitar consecuencias negativas. Al principio, teníamos dudas sobre los coches eléctricos, Internet y otras tecnologías modernas, pero ahora las utilizamos con frecuencia. Necesitamos pruebas de que algo vale la pena antes de confiar en ello y adoptarlo en nuestras vidas.

Nadie se interesó por Bitcoin cuando se hizo público por primera vez, pero su adopción aumentó gradualmente a medida que más gente lo conocía. Algunas personas que se unieron temprano a Bitcoin reconocieron su potencial y comenzaron a desarrollar los primeros negocios relacionados.

El tiempo nos ha demostrado que la blockchain de Bitcoin está muy bien diseñada y es muy segura. Sin embargo, aunque algunas personas desarrollen aplicaciones para mejorar el sistema Bitcoin, no siempre son perfectas. Pueden presentar problemas de seguridad de los que debemos ser conscientes en esta nueva industria.

Tras el creciente interés en Bitcoin, algunos entusiastas se dedicaron a establecer plataformas de intercambio para que los usuarios pudieran comerciar BTC (Bitcoin) entre sí y así impulsar el crecimiento de esta criptomoneda. Por desgracia, el primer gran intercambio fue pirateado y se robaron muchas monedas. Es importante señalar que no fue la blockchain la que se vio comprometida, sino la propia plataforma de intercambio. La mala publicidad que rodeó este hecho era de esperar. Estos Bitcoins fueron recuperados gracias a la blockchain, que registra todas las transacciones. Los investigadores lograron rastrear los Bitcoins robados y, tras años de estudio y desafíos legales, serán devueltos a sus legítimos propietarios.

Si tu ordenador fuera hackeado y alguien robara tus contraseñas, podrían robarte tus Bitcoins. En tal caso, no se trata de un hackeo a Bitcoin en sí, sino más bien de una falta de cuidado en el manejo de tus contraseñas. No culpes a Bitcoin; es un sistema seguro. Así que asume tu responsabilidad y sé más precavido. Cuando eres tu propio banco, eres el último responsable de tus activos. No compartirías el número secreto de tu tarjeta de crédito ni tus contraseñas de información sensible con personas en las que no confías, ¿verdad?

Silk Road era el nombre de una plataforma en la que era posible adquirir drogas y realizar el pago mediante Bitcoin. Alguien tuvo la idea de utilizar un registro distribuido donde todas las transacciones son transparentes y visibles para facilitar el tráfico de drogas. Toda esta organización fue descubierta, y estas personas fueron encarceladas.

Estos eventos que ocurrieron en los primeros días de Bitcoin, considerado el dinero más sólido del mundo, afectaron negativamente a su reputación, generando sentimientos adversos hacia esta criptomoneda. Una cita famosa, posiblemente de Mahatma Gandhi, fue:

Primero, te ignoran,
luego se ríen de ti,
luego te atacan,
y luego ganas.

Y esta es exactamente la historia de Bitcoin hasta hoy.

Inicialmente, fue completamente ignorado, lo cual es normal ya que había muy pocas personas que hubieran oído hablar de él.

Se han burlado de Bitcoin, como si fuera una extraña moneda de Internet en la que algunos excéntricos pensaban que podría dominar el mundo.

Algunos se oponen a Bitcoin debido a estas historias negativas. Han surgido muchas noticias desfavorables con la intención de sembrar el miedo y obstaculizar la adopción de Bitcoin. Se ha utilizado y sigue utilizándose una táctica propagandística conocida como FUD (miedo, incertidumbre y duda) para intentar frenar la adopción de Bitcoin y otras innovaciones en el mundo. ¿Ganará Bitcoin algún día

Criminales

Es común escuchar que el Bitcoin y las criptomonedas son utilizados frecuentemente en actividades delictivas, y estoy totalmente de acuerdo. Algunos delincuentes son lo suficientemente ingenuos como para utilizar dinero solido en un libro de contabilidad público, donde todos los agentes de policía pueden rastrear el flujo de dinero generado a través del tráfico de drogas u otras actividades ilícitas. En contraste, este mismo narcotraficante también emplea barcos, coches y camiones para llevar a cabo sus actividades ilícitas, por las cuales recibe dinero en efectivo en forma de dólares o euros. ¿Debemos prohibir los medios de transporte o incluso el dinero convencional?

No podemos ni siquiera imaginar la enorme cantidad de dinero que se utiliza diariamente para actividades ilegales. ¿Cuántos billetes tienen rastros de cocaína? ¿Deberíamos considerar la prohibición de los billetes?

Quizá estemos empleando argumentos erróneos para combatir el dinero legítimo, el cual resulta más difícil de utilizar para los delincuentes debido a su transparencia.

Internet

En numerosas ocasiones he escuchado que el dinero digital desaparece en caso de que Internet deje de existir.

Es verdad, aunque lo mismo pasaría con tu cuenta bancaria. Los bancos no podrían operar sin Internet, y tu tarjeta de crédito sería inútil en ese caso.

Si llegara a desaparecer Internet, todo el mundo se paralizaría ya que nuestras vidas dependen de estas nuevas tecnologías. Tristemente, si desaparece la electricidad, prácticamente nada funcionará. Permítanme poner un caso extremo, por ejemplo, una guerra.

Cuando tienes tu dinero en uno o varios bancos y el centro principal de tu banco es bombardeado, es de esperar que los sistemas de respaldo, generalmente ubicados en el mismo país, hayan sobrevivido al ataque. De lo contrario, será muy difícil recuperar tus ahorros una vez que termine la guerra.

Ahora, imagina que te encuentras en la misma situación, pero tu Bitcoin está registrado en ordenadores distribuidos por todo el mundo. Incluso después de que vuelva la electricidad tras un apocalipsis, tu Bitcoin permanecerá intacto, sin importar dónde te encuentres en el mundo. Lo puedes utilizar sin complicaciones.

Consumo Eléctrico

Una forma de luchar contra el crecimiento de Bitcoin es concienciar sobre su elevado consumo de electricidad. Todos los ordenadores del mundo que mantienen el blockchain consumen mucha energía, lo que crea dudas sobre su sostenibilidad.

En efecto, Bitcoin necesita mucha energía para mantener el sistema actualizado, y cuanto más crezca, más energía se necesitará para mantenerlo seguro y fiable.

Lo que no se dice es que nuestro sistema de pago real con bancos, ordenadores centrales y máquinas de tarjetas de crédito en todas las tiendas utiliza mucha más energía que Bitcoin.

Lo bueno de usar energía para luchar contra Bitcoin hace que Bitcoin y la industria relacionada cambien cada vez más hacia la energía verde. Cuanto más respetuoso con el medio ambiente sea el sistema Bitcoin, más rápido los gobiernos estarán dispuestos a regularlo de forma favorable.

El Bitcoin no tiene Valor Real

El dinero fíat, que ya no está respaldado por oro, no tiene valor en sí mismo, aparte del consenso para aceptarlo.

El valor de Bitcoin es el que la gente quiere pagar o recibir por él, lo que se puede comprobar diariamente.

Por el momento, es probablemente la única moneda que podrá encontrar compradores en cada esquina del mundo.

Por razones políticas, los gobiernos no permiten el uso de monedas extranjeras en su propio país.

Bitcoin tiene el potencial de convertirse en una moneda universalmente aceptada.

La escasez de Bitcoin, combinada con su creciente demanda, crea valor por sí misma. Añádase a esto la creciente utilidad y el mayor número de personas que adoptan Bitcoin

Lo van a Prohibir

Aunque algunos países han impuesto restricciones al Bitcoin, es legal en la mayoría de las jurisdicciones. Además, incluso si un gobierno prohibiera Bitcoin, sería muy difícil hacer cumplir dicha prohibición. Bitcoin está descentralizado y puede utilizarse sin ninguna autoridad central. Por lo tanto, incluso si un gobierno intentara prohibir Bitcoin, probablemente no tendría éxito.

Como el mundo está adoptando Bitcoin, siempre existe la posibilidad de un punto de inflexión. Por ejemplo, si los países exportadores de energía decidieran aceptar sólo Bitcoin para sus productos, eso llevaría a los que prohíben Bitcoin a la obligación de usarlo

Bitcoin no da Rendimiento

Esto significa que no tiene ingresos, como las acciones y los bonos. Esto lo asemeja al oro como activo destinado a ser conservado a largo plazo por su reserva de valor. El precio del Bitcoin ha sido volátil, pero ha experimentado un aumento constante en los últimos años. Dado que hay un número limitado de Bitcoins en circulación, esto también significa que cada Bitcoin es más valioso a medida que más personas lo utilizan e invierten en él.

Bitcoin tiene un gran potencial y es popular como inversión, y mucha gente cree que tiene un futuro brillante, pero es importante recordar que conlleva riesgos como cualquier otro activo. El precio del Bitcoin puede ser volátil.

Falta de Regulación

Siempre que surgen novedades en la sociedad, la gente tiende a comportarse como si estuviera en el Salvaje Oeste, ya que no existen leyes que prohíban ciertos comportamientos o actividades. Recuerdo que cuando comencé a explorar Internet, me encontraba con contenido pornográfico en casi todos los sitios web, y la publicidad nos bombardeaba constantemente. Recuerdo cuando solía abrir una página web y de repente se desplegaban decenas de ventanas emergentes hasta que finalmente se reguló. Lo mismo sucede en el mundo de las criptomonedas y el blockchain.

2022 fue el año del colapso de exchanges y empresas que ofrecían servicios bancarios para criptomonedas. Podían hacerlo porque no había regulación, y no estaban incumpliendo ninguna ley porque no la había.

Varias empresas han fracasado debido a que llevaban a cabo actividades incompatibles con las prácticas empresariales rentables y se relacionaban más con esquemas fraudulentos. En ocasiones, estas prácticas intolerables arrastraban a otras empresas serias y bienintencionadas.

Como consecuencia, muchas personas sufrieron pérdidas financieras o de activos cuando estas empresas falsas quebraron. Por esta razón, siempre opto por comprar Bitcoin en una bolsa o plataforma web donde puedo adquirirlo y luego transferirlo a mi cartera personal de criptomonedas, donde soy el único responsable y nadie más puede acceder a él. Seguiré haciéndolo de esta manera hasta que haya una mayor regulación en el mercado.

Es una pena que tengamos que ser tan cuidadosos, pero mientras no haya leyes, asumiré mi responsabilidad en la custodia de mi Bitcoin. Algún día habrá instituciones donde podamos guardar nuestros criptoactivos igual que hacemos hoy con nuestro dinero y los bancos

Primeros pasos

Para instituciones, fondos de pensiones, family offices y otros inversores experimentados existe la disponibilidad desde principios de 2024 de tener acceso a esta clase de activos a través de ETF Spot de Bitcoin. Vehículos de inversión legales que permiten a estos actores inversores obtener exposición a Bitcoin.

Para aquellos que no están acostumbrados a invertir, te explicaré cómo empezar con Bitcoin basándome en mi propia experiencia y en mis primeros pasos en un mundo financiero digital.

La única manera de involucrarse y comenzar a aprender es comprando Satoshis.

Una ventaja de Bitcoin es que te permite comprar cualquier cantidad, ya sea US$5 o más.

Conozco a muchas personas que practican la estrategia del "dollar cost averaging": el promedio del costo en dólares, la cual consiste en comprar una pequeña cantidad de manera constante, ya sea diaria, semanal o mensual. De esta forma, adquieren tanto los máximos como los mínimos del precio fluctuante, asegurándose de pagar un precio promedio por el activo.

Ten en cuenta que esto no es asesoramiento financiero. No pretendo de ninguna manera convencerte de realizar una compra, pero en caso de que decidas hacerlo, probablemente revisarás a menudo el valor de tu inversión y realizarás una investigación exhaustiva sobre los diferentes aspectos de Bitcoin.

Internet está repleto de una gran cantidad de información, desde vídeos y podcasts hasta libros y mucho más.

Ahora bien, ¿por dónde comenzamos?

Voy a utilizar la metáfora de los bancos comerciales en nuestro sistema financiero actual para explicar de manera más clara el funcionamiento de Bitcoin.

Al igual que tenemos bancos comerciales donde podemos depositar y retirar moneda fiduciaria, también tenemos los "Exchange", que son las plataformas en las que se realizan los intercambios de criptomonedas a dinero fíat o a otras criptomonedas, es decir, donde podemos comprar y vender Bitcoin.

Si quiero ahorrar o gastar dinero, realizar transacciones y utilizar instrumentos financieros, necesitaré una cuenta bancaria. Una vez que cuente con ella, podré solicitar tarjetas de crédito para utilizar mi dinero.

Al abrir una cuenta bancaria, la entidad te solicitará tu identidad. Por tanto, deberás proporcionar al banco la documentación necesaria para cumplir con los requisitos KYC.

KYC (Know-Your-Customer) es un conjunto de normas que los bancos y otras instituciones financieras deben seguir para que puedas operar con una cuenta. La obligación de saber quién eres recae en la institución o empresa con la que deseas tratar.

Esta legislación, que se aplica en todo el mundo, obliga a los bancos a recabar información personal de los clientes para presentarla a las autoridades si así se solicita. Además, se establece una formalidad para prevenir y perseguir cualquier actividad ilícita, como el blanqueo de dinero. En la mayoría de los países se establecen leyes contra el blanqueo de dinero.

Cualquier exchange que desee cumplir con las regulaciones locales deberá adherirse a las normas CSC y ALD una vez estén en vigor. Estas normas probablemente formarán parte del conjunto final de regulaciones.

Soy una de esas personas que prefiere acudir a un banco y hablar directamente con los empleados para realizar cualquier gestión. Lamentablemente, no contamos con sucursales de Bitcoin, pero al final del día, el proceso es similar y nos evitamos los inconvenientes asociados.

En el mundo real, necesitamos una cuenta bancaria y un monedero. Para Bitcoin, necesitamos un exchange, una dirección Bitcoin y un monedero.

Hagámoslo paso a paso.

Bitcoin se adquiere en una exchange, un mercado en el cual se compran y venden criptomonedas. En Internet, es posible encontrar fácilmente múltiples exchanges. Algunos cuentan con licencias bancarias oficiales, mientras que otros están registrados públicamente en la bolsa de valores. La mayoría son fiables. Desconozco el lugar desde donde estás leyendo este libro, por lo tanto, te invito a que investigues y encuentres una fuente legal en tu país y reconocida por las autoridades locales.

Una vez que hayas decidido cuál utilizar, puedes comenzar a usar tu PC, portátil o teléfono. En mi caso, opté por utilizar mi teléfono.

Todas estas exchange cuentan con sitios web y aplicaciones disponibles para su descarga. Para comenzar, es necesario registrarse utilizando una dirección de correo electrónico y una contraseña.

Para completar la verificación de identidad KYC requerida por el exchange, era necesario presentar mi carné de identidad o pasaporte.

Cuando completé la introducción de toda mi información de identidad, como mi nombre, apellidos, dirección y número de teléfono, llegué al punto en el que debía escanear mi pasaporte. En ese momento, simplemente utilicé la cámara de mi teléfono y coloqué mi pasaporte para que se escaneara automáticamente.

En otro intercambio, también me solicitaron que tomara una fotografía sosteniendo mi pasaporte para poder leer los datos.

Algunos utilizan la tecnología de escaneo facial, que requiere escanear tu rostro desde el frente, izquierda y derecha.

Al principio, todo me resultó extraño, pero comprendo la necesidad de la verificación en el mundo digital. Me siento más tranquilo al saber que este exchange toma medidas para asegurarse de que soy yo quien realiza la transacción de dinero u otros activos financieros, y no un impostor. Cada exchange tiene sus propias medidas de seguridad.

Una vez que he completado el proceso KYC y el exchange sabe quién soy, puedo realizar la transacción.

Verás que estos exchange no sólo ofrecen Bitcoin, sino también otras criptomonedas. Aunque en este libro sólo hablo de Bitcoin, te recomiendo que investigues para obtener información si estás interesado en monedas alternativas.

Cada moneda que tienen a tu disposición viene con un número de cuenta diferente, igual que en tu banco, donde tendrías una cuenta en dólares y otra en euros o en cualquier otra divisa.

En este caso, nos referiremos a la cuenta de Bitcoin y a la cuenta de su divisa, que puede ser dólares estadounidenses, euros, yenes o cualquier otra divisa que aceptada por la plataforma de intercambio.

Cuando hagas clic en la cuenta de tu moneda fiduciaria, digamos que usamos USD, el saldo será cero, por lo que tendrás que financiarla.

Hay quienes usan sus tarjetas de crédito para comprar Bitcoin, pero personalmente prefiero el método tradicional de transferencia bancaria. La aplicación en mi teléfono me proporcionó las instrucciones necesarias para realizar la transferencia.

Al día siguiente, verifiqué y comprobé que mi transferencia bancaria había sido recibida. Ahora tenía los fondos necesarios para realizar mi primera compra de Satoshis.

Dentro de la aplicación, seleccioné la cuenta de Bitcoin y descubrí que tenía la opción de comprar, vender o transferir. Decidí realizar una compra y se me preguntó si deseaba utilizar mis dólares estadounidenses, lo cual confirmé. Luego, seleccioné la cantidad de Bitcoin que deseaba adquirir. Después de confirmar mi elección, mis dólares desaparecieron y en su lugar apareció una pequeña cantidad de Bitcoins, conocida como Satoshis.

Ya no dispongo de dinero en moneda fíat en mi cuenta, ya que lo he utilizado para comprar Satoshis, los cuales ahora se encuentran en mi cuenta de Bitcoin.

Así de sencillo.

Puedo dejar mis Satoshis en la cuenta del exchange y todo irá bien, al igual que dejo mi dinero en mi cuenta bancaria.

Ten en cuenta que si tienes una pequeña cantidad de dinero en tu cuenta bancaria, es probable que estés seguro. Sin embargo, ¿qué sucede si tienes una cantidad mayor y algo le ocurre al banco? ¿Y si el banco se declara en quiebra? Aunque estas situaciones parezcan improbables, pueden ocurrir. Con base en mi experiencia personal, quisiera advertirte acerca de esto.

La mayoría de los exchanges son grandes, pero también son bastante jóvenes, ya que la mayoría solo existen durante cinco o diez años, no cincuenta o cien, como muchos bancos.

Puedes dejar tus Bitcoins allí, aunque siempre hay riesgos tanto con los bancos como con los exchange. Como mencioné en el capítulo 8, personalmente prefiero almacenar todas mis criptomonedas en mi monedero digital físico hasta que la legislación lo permita y me sienta cómodo confiándolas a alguna otra institución para su custodia.

La diferencia entre este monedero digital y el que llevas en tu bolsillo es que éste incluye seguridad mediante el uso de una contraseña digital.

Desde los inicios de Bitcoin, se han desarrollado numerosos monederos. Existe una amplia variedad, desde los más simples hasta los más sofisticados, desde los más fáciles hasta los más complejos, y con diferentes niveles de seguridad. Puedes encontrar toda la información que necesitas en Internet. En este libro, me limitaré a compartir mi propia experiencia, la cual consiste en utilizar un monedero digital en línea y un monedero digital físico.

Utilizan una medida de seguridad común: una frase de recuperación en caso de pérdida, y un sistema de contraseñas más sencillo para un uso más frecuente.

Una frase semilla, también conocida como frase de recuperación, consiste en una lista de doce o veinticuatro palabras. Estas palabras son almacenadas en un monedero, lo que proporciona mayor seguridad al momento de almacenar, enviar, recibir dinero y firmar transacciones.

Esto implica que, siempre que poseas tu frase de recuperación privada de doce o veinticuatro palabras, nadie podrá acceder a tus Bitcoins. Sin embargo, también significa que es tu responsabilidad no perderla ni compartirla con nadie a menos que así lo desees. Por lo tanto, te sugiero que guardes tu frase semilla en un lugar seguro o la compartas con alguien de confianza, al igual que haces con tus otras contraseñas, para evitar cualquier pérdida de Bitcoins en caso de imprevistos.

Esta frase semilla se crea automáticamente de forma aleatoria al crear un monedero digital.

Después de investigar en Internet, seleccioné uno de los numerosos monederos disponibles en línea. Tras registrarme con mi dirección de correo electrónico y establecer mi contraseña, seguí las instrucciones del sitio para crear mi monedero digital. El sitio web me proporcionó una frase semilla de veinticuatro palabras, la cual anoté cuidadosamente en papel antes de ocultarla en un lugar seguro.

Utilizo otro tipo de monedero, el monedero digital físico. Se trata de un dispositivo diminuto, similar a una memoria USB o con un pequeño teclado. Después de investigar en Internet y leer numerosas críticas, decidí adquirir uno.

Al adquirir un monedero digital físico, asegúrate siempre de hacerlo directamente a través del sitio web del fabricante. Evita comprar un monedero físico a un vendedor o en un mercado por un precio más bajo, ya que existe la posibilidad de que hayan sido manipuladas. No quieres arriesgar tus Bitcoins en un monedero comprometido.

Una semana después, cuando finalmente recibí el monedero por correo, pude comenzar.

Para configurar mi monedero digital físico, tuve que descargar la aplicación y seguir las instrucciones. Utilizando un trozo de papel, anoté las veinticuatro palabras de la frase de recuperación y así completé la sencilla configuración de mi monedero.

He verificado que tanto los monederos electrónicos como los monederos físicos son igual de fáciles de utilizar. A nivel personal, tengo preferencia por los monederos físicos, ya que me brindan la sensación de tener los Satoshis en mis manos, pero esto es solo mi opinión.

Para continuar con mi historia, tengo Satoshis en mi cuenta en el exchange y quiero moverlos a mi monedero para almacenarlos allí.

¿Cómo sucede esto?

Tanto si hablamos de Bitcoin como de cualquier otra divisa, fíat o criptomoneda, las transacciones son siempre las mismas.

Siempre tenemos la opción de comprar o vender o transferir.

Ya he explicado anteriormente el proceso de compra y venta, pero para recapitular: cambiamos USD por Bitcoin, lo que equivale a vender USD y comprar BTC.

Lo que queremos hacer ahora es moverlo de la cuenta en el exchange a nuestro monedero.

Para recibir mis Satoshis, accedo a mi monedero y selecciono la opción "recibir". Esto me proporciona una cadena de números y letras llamada dirección, la cual debo copiar para poder recibir la transacción.

Para enviar mis BTC, accedo a mi cuenta de exchange y busco la opción "enviar". Luego, proporciono la dirección de mi monedero y la cantidad de Bitcoins que deseo enviar.

Una vez que estoy completamente seguro de que la dirección de envío es correcta, presiono el botón de enviar.

La transacción irá más rápida o lenta dependiendo del número de transacciones que se estén procesando en la blockchain y se registrará en varios ordenadores. Lo máximo que tuve que esperar para recibir Satoshis fue media hora.

Te recomiendo que busques instrucciones más precisas para enviar o recibir en línea, dependiendo de tu monedero.

Si tienes tus Satoshis o Bitcoins en tu monedero y tienes el control de tus claves, nadie puede acceder a ellos. Podrás observar cómo fluctúa el valor de Bitcoin, lo cual puede generar tanto una sonrisa como miedo. Sin embargo, después de dos años, he aprendido a no estar pendiente de ello constantemente y seguir con mi vida. Después de todo, Bitcoin es solo Bitcoin y mi vida es mucho más que eso.

Es reconfortante saber que he invertido en algo con muchas posibilidades de adopción en el futuro y que probablemente aumentará su valor. Esto me brinda una perspectiva optimista para el futuro.

Uso cotidiano de Bitcoin

No cabe duda de que Bitcoin se ha consolidado como un activo confiable y una fuerza a considerar en el mundo financiero. Aunque algunos mantienen cierto escepticismo sobre su viabilidad a largo plazo, resulta evidente que Bitcoin ha llegado para quedarse.

Resulta fundamental tener presente que se trata de una tecnología aún relativamente nueva. Por tanto, es comprensible que puedan surgir algunos obstáculos en el camino. No obstante, si Bitcoin continúa expandiéndose y ganando seguidores, existe la posibilidad de que algún día llegue a reemplazar a las monedas fiduciarias como el medio de intercambio preferido.

Satoshi Nakamoto fue el creador del sistema Bitcoin, el cual ha atraído a numerosas personas interesadas en mejorarlo y descubrir nuevas aplicaciones. Si te sientes curioso y deseas obtener más información, te invito a explorar en Internet cómo este sólido sistema monetario puede generar grandes beneficios.

En la actualidad, Bitcoin está experimentando una expansión que continuará en el futuro. A medida que las organizaciones importantes comiencen a adoptar y utilizar Bitcoin, su crecimiento se acelerará de manera significativa. Como resultado de este desarrollo, se espera un aumento considerable en el valor de Bitcoin.

La mayoría de las personas dudan en gastar sus Bitcoins porque creen que su valor seguirá creciendo.

A medida que la adopción de Bitcoin aumente y más personas reciban su salario en esta criptomoneda, pudiendo gastarla en una amplia variedad de lugares, este activo dejará de ser simplemente una reserva de valor para convertirse tanto en una reserva de valor, como en una unidad de cuenta y medio de intercambio. Para que se considere como dinero genuino, debe cumplir tres funciones principales: preservar la riqueza, medir valores y facilitar transacciones.

A medida que el Bitcoin sea adoptado de manera más amplia, es probable que se convierta en la primera moneda aceptada en numerosos lugares alrededor del mundo.

Cada vez más empresas están esforzándose por desarrollar sistemas que nos permitan utilizar Bitcoin en nuestro día a día, como comprar alimentos o flores, de la misma manera en que lo hacemos actualmente con las tarjetas de crédito.

Muchos exchanges, donde puedes comprar, vender y almacenar tus activos de criptomonedas como Bitcoin, ahora ofrecen tarjetas de crédito de las principales compañías. Estas empresas tienen un amplio conocimiento de Bitcoin y están trabajando en integrar estos activos en su red para que puedas gastar tus Bitcoins si así lo deseas. Todo esto se logra simplemente convirtiendo tus Bitcoins a tu moneda local para recargar tu tarjeta.

El límite de velocidad es el principal obstáculo que impide el uso directo de Bitcoin en transacciones cotidianas. La cadena de bloques solo puede verificar un número limitado de transacciones en un momento dado, lo que hace imposible realizar 1.000 o 3.000 transacciones por segundo. Esta velocidad es necesaria para evitar la espera en el procesamiento de pagos.

Numerosas empresas están desarrollando enfoques innovadores para fomentar el uso diario de Bitcoin entre las personas.

Estoy seguro de que pronto surgirán nuevas ideas y en unos años tendremos a nuestra disposición una variedad de opciones de pago. Me intriga cómo realizaremos el pago del café u otras cosas en el futuro.

Epílogo

Me alegra ver que sigue leyendo. Gracias.

Nunca había encontrado algo que me llamara tanto la atención. Cuanto más aprendía sobre ello, más descubría que hay algo gravemente erróneo en nuestro sistema monetario.

El dinero está presente en todas partes y es indispensable para nuestro bienestar, así como para promover la justicia y la igualdad en el mundo.

Al igual que muchas personas a mi alrededor, un día comencé a leer sobre Bitcoin sin recordar exactamente por qué. Sin embargo, me dio esperanza.

Existe la esperanza de que haya algo allá afuera que pueda ser de gran ayuda y brindar soluciones a muchos de los problemas de nuestro mundo.

Una solución que nos llega de forma anónima y sin esperar beneficios de ella.

Esta es posiblemente la razón por la cual cada vez más personas están aprendiendo e intentando comprender esta nueva forma de dinero como una salvaguardia ante un futuro incierto en el que no sabemos si el dinero fíat mantendrá su valor.

No resulta sencillo comprender la magnitud del impacto positivo que puede tener en el mundo en múltiples ámbitos.

He notado que muchas organizaciones importantes, como bancos y empresas de inversión, están preparándose para respaldar completamente esta nueva tecnología y moneda.

El propósito de este libro es explicar Bitcoin de la manera más sencilla posible para que un amplio público pueda comprenderlo. Espero que, después de leer este libro, comprendas por qué sentí la necesidad de aprovechar esta oportunidad y formar parte de algo con un inmenso potencial. No importa si eres rico; lo importante es ingresar a Bitcoin antes de que sea demasiado costoso.

Si te ha gustado este libro y crees que Bitcoin tiene el potencial de mejorar el mundo, te invito a que dejes una reseña en tu plataforma favorita.

Si deseas, podrías invertir tu dinero de la lotería semanal en Bitcoin y obtener beneficios a largo plazo. Lo mínimo que conseguirás es la esperanza de que este nuevo dinero pueda contribuir a un mundo mejor.

www.ingramcontent.com/pod-product-compliance
Lightning Source LLC
La Vergne TN
LVHW010459160826
845677LV00012B/2555

* 9 7 8 8 4 1 0 0 9 4 0 3 1 *